·本书获闽南师范大学教材建设立项资助

编委会

主　编：黄金明　　谢建东　　杨娟娟　　修少维

编　委：沈金耀　　王朝华　　张则桐　　张克锋

　　　　杨杏红　　张艳辉　　张锦冰　　肖模艳

　　　　张　为　　魏宁楠　　谢宗煌　　刘　烨

艺文教育丛书

精理为文　秀气成采

艺文教育讲演集

黄金明

厦门大学出版社　国家一级出版社
XIAMEN UNIVERSITY PRESS　全国百佳图书出版单位

图书在版编目（CIP）数据

精理为文，秀气成采：艺文教育讲演集 / 黄金明著
. -- 厦门：厦门大学出版社，2023.12
（艺文教育丛书）
ISBN 978-7-5615-9250-2

Ⅰ．①精… Ⅱ．①黄… Ⅲ．①中华文化-教学研究-
高等学校 Ⅳ．①K203

中国版本图书馆CIP数据核字(2023)第251829号

责任编辑　王莺鹏
美术编辑　李嘉彬
技术编辑　朱　楷

出版发行　厦门大学出版社
社　　址　厦门市软件园二期望海路39号
邮政编码　361008
总　　机　0592-2181111　0592-2181406(传真)
营销中心　0592-2184458　0592-2181365
网　　址　http://www.xmupress.com
邮　　箱　xmup@xmupress.com
印　　刷　厦门市明亮彩印有限公司

开本　720 mm×1 000 mm　1/16
印张　12
插页　2
字数　162 千字
版次　2023 年 12 月第 1 版
印次　2023 年 12 月第 1 次印刷
定价　60.00 元

厦门大学出版社
微信二维码

厦门大学出版社
微博二维码

总　序

　　人类与文学相伴而行,文学看似没有实际用处,但却有大用,它的功能就在于塑造人自身。由此就中文学子而言,除了掌握扎实、系统的专业知识和专业技能外,还应该是一个人格高尚、个性全面发展的博雅的文化人。

　　我们认为,博雅的文化人应具有"志于道,据于德,依于仁,游于艺"的全面发展的人生格局,立志走出正确的人生道路,恪守社会主义核心价值观,葆有仁爱之心,富有诗意地生存于现实之中。

　　为培养博雅的文化人,闽南师范大学文学院探索一种艺文双修的培养模式。首先发挥汉语言文学专业优势,突出专业课程的诗意特征,让学生将专业学习与自我塑造结合起来,以现代方式完成"兴于诗,立于礼,成于乐"的自我塑造过程。其次,以切实可行的实践方式培养博雅气质。选择古琴、吟诵、茶艺、书法、国画、舞蹈、戏剧等与汉语言文学专业密切相关的艺术技能作为学习内容,研习这些艺术,以培养学生的博雅气质。先是以兴趣班的形式组织教学,随后不断完善教学形式和教学内容,正式作为选修课、必修课纳入培养计划,所有学生按自己的兴趣选择传统艺术研习课程。

在完成传统艺术研习课程之后,有特长、有兴趣的同学加入唐音吟诵社、墨蕴书画协会、泠音琴社、南音戏曲协会、云水茶艺协会、既明文学社、演辩社、芝山剧社、龙江飞舞社、闽南文化研究会等艺能社团,在社团中继续参加艺能培训,进一步提高表演、创作水平,参加学校组织的各种文化演出和社会实践活动。

通过艺能研习课和专业社团培训、活动,构建起课内外相结合、校内学习与社会实践相结合的艺文双修教学体系,使文学院的所有学生都对传统艺术有一定的了解,有艺术特长和兴趣的同学继续得到专业训练,不断提高艺能水平。

为更好地完成传统艺能教学任务,闽南师范大学文学院与龙人古琴村合作建设闽南师范大学文学院龙人古琴教室,与茶之序公司合作建设海峡两岸茶文化课堂,将普通教室改造为书画教室,添置各种教学设备。经过七八年的积累,我们的教学硬件基本完善。同时在校外设立古琴、茶艺、书画、戏剧等实践基地。

传统艺文研习,重要的是有利于自我塑造。文学院艺文教育不培养古琴、书画、茶艺的专业人才,尽管以专业的方式进行教学,但这些技艺的学习保持业余姿态,其主要目的是提高学生的全面修养,促进学生个性的全面发展。各种艺能研习激发了同学们的艺术潜能,展现出别样风采。在清明、端午、中秋、元旦等传统节日诗会上,研习古琴、吟诵、茶艺、戏剧的同学献出精彩节目,研习书画的同学创作作品参加校庆及各种展览,其作品在各级展览中获奖。

　　一专多能的中文毕业生,是中小学美育的重要力量。中小学美育的主要方式是音乐、美术等艺术教育。但美育同时也是一种原则,必须体现在学校教育的各个环节。语文老师来一段精美朗诵,足以收获众多粉丝;会教书法的语文老师肯定会成为学生的榜样,具有优雅气质的教师更是学生美育的范本。即使不当中小学教师,今后成为具有良好艺术修养的父母,家庭美育也就有着落了。人们常常指责当今社会两个现象:一是感叹小孩子学习负担重,还要忙于参加各种才艺培训;二是家长与子女相处的时间少。但如果小孩作为兴趣爱好的才艺学习是由自己的家长指导的,那么这两个问题就可以得到很好的解决。富有艺术修养的家长,陪伴小孩的同时又可以指导其艺术活动,两全其美。

　　欣逢盛世,艺术繁荣,也难免鱼龙混杂。因此,为了社会文化的健康发展,需要一批既懂艺术又能写文章推广优秀艺术的人才,文学院的同学具有天然的优势,当他们对传统艺术有真切的体验与了解,他们就能很好地阐释雅正的传统艺术观念,弘扬传统文化,有效地促进当代文化建设。

　　总之,艺文研习与专业学习相互促进,将产生极为巨大的正面效应。然而,在大学的文学院(中文系)开展艺文教育,开设艺文研习选修课程,这是一个探索性的工作,没有现成的教育方案、没有适用的教材,于是,闽南师范大学文学院的老师自编讲义,不断完善授课内容和方式,编写出自己的教材。这就是这套艺文教育丛书的由来。这套丛书凝聚了任课教师的研究成果,既是教材又是学术著作,同时还是同学继续研习传统艺能的参考书。因此,在学校的支持下,正式出版这套丛书。希望这套丛书的出版有助于艺文教育的进一步深入发展,更有利于同学的艺文研习。

在此,我们要感谢所有选修艺文研习的同学们,感谢辛勤任教的老师,感谢学校的支持,感谢厦大出版社的大力支持。

2021 年 6 月 9 日

目　录

弦歌不辍 文行远方

2018 年 12 月 8 日,这是一个平常但特殊的日子。上午,学校举行了建校六十周年庆典,文学院 200 多名校友、长期关注和支持学院发展的嘉宾与在校师生欢聚在这里,共同庆祝学校的发展,祝福学院的未来。弦歌不绝,犹闻洋洋盈耳;多士方殷,但见济济满堂。这是我们共同的节日。在此,我谨代表文学院党政班子向长期以来关心、支持文学院发展的社会各界人士表示衷心的感谢! 向为学院发展做出突出贡献的各位老领导、老教授致以崇高的敬意! 向广大校友和在校师生致以最美好的节日祝福。

笙歌美酒酬吉庆,桃李春风忆华年。当我们回忆过去,早期的戴深石、郑景渠、刘学沛、李拓之、吴秋山、陈章武等,后来的全国首届文科博士之一、杜甫研究专家林继中教授,西方文论研究知名专家刘庆璋教授,屈原与楚辞研究、道家研究知名专家汤漳平教授,老舍研究知名专家张桂兴教授,闽南知名作家青禾,戏剧教育活动家邱煜焜,书法家李木教、沈舜乾等许许多多老师一一向我们走来。他们在学术上、在文学艺术创作上不求名利,默默耕耘,且心系学生,以传道授业解惑为己任,他们的道德文章滋养着一代又一代学子;戴深石、郑景渠、李云清、王惠庭、张太林、林继中、林晓峰、许奕谋、黄清河、王春庭、蔡一朋、胡金望、施榆生等一代代学院党政领导奋发图强,为学院师生的发展尽心尽力;还有许许多多从这里走出去的校友,以所学服务社会,成长自己,也书写着学院的历史。

历史是一份弥足珍贵的财产。当我们真正走进历史，我们总能从逝去的岁月中听到优美感人的声音，它们给现实以思考和指引，成为学院发展的重要思想资源。对此，我们永远怀着深深的感激。

我们生活在一个科技化、信息化、物质化的时代，人文教育遇到前所未有的挑战。教育如何回到人的自身？没有大师，精神思想的创造力、影响力如何造就？没有教育家，教育又如何成就一代"大写的人"？在一个快节奏、高速运转的时代，我们如何沉潜下来充分理解和阐释人类丰富的历史文化遗产？越来越窄的学科专业教育，如何完成跨学科的文化资源的创造性转化？在高校以论文课题获奖为标准，人才以金钱衡量的时代，如何做到立德树人？美国思想家、文学家爱默生在《善待命运》一文中说："所谓的大学教育，其实就是读书——阅读那些被大多数学者共同认为是迄今为止最能代表科学文化水平的好书。"在浅阅读、碎片化阅读的时代，我们该如何从经典中获取成长的养料？中文是一种人文教育，可以培养有创造精神价值和能力的人才。然而在知识教育主宰的语境中，我们如何培养学生，能赋予"实用"的世界以情感，赋予"物质"的世界以精神？

美学家朱光潜曾说："如果没有肉体，灵魂只是一个幽灵，它不再能读书，听音乐，看风景，不再能与另一颗灵魂相爱，不再有生命的激情和欢乐，自由对它便毫无意义。所以，我更爱灵与肉的奇妙结合。"然而我们的教育基本上是知识灌输式的，对生命的肉体缺乏应有的尊重，对人性最基本的要求缺少精神的照耀。那么教育该如何既能重视你感官的世界，培养你感觉能力，让你有可能在文化的体验中生成感性世界的丰富性；让你食而知味，听而晓音，观能察色，闻能辨香，触能知微；并能由此通达你的心灵，通达你的精神世界，让人的理性拥有生命感性的丰富色彩，让生命的世界变得完整和健全？学习，其实是发现自己、完善自我的过程。这个过程是从感性到理性，从实践到理论再回到实践。感知万物，体察自然，琴诗书画诗酒茶，是否可提供一种知行合一的感知世界的方式,把经典的学习、技艺的研习、生命感觉世界的培育与书写融为一体?

如同不同的气候决定了大自然不同的面貌,你交往的人基本决定了你的人文的景观。所谓"近朱者赤,近墨者黑",林语堂在《谈哥伦比亚大学及其他》一文中说:"理想大学中的生活,必使师生在课外有充量的交游和谈学机会,使学生这里可与一位生物学家谈树叶的历史,那里可以同一位心理学家谈梦的心理分析,在第三处可以听一位音乐专家讲 Hoffmann 的小史——使学生无处不感觉得学问的生动有趣。"大学能否提供一个平台,以文会友,以茶会友,以琴棋书画会友;不同学科,不同专业,不同职业的人能不时在一起,在谈笑之中,拓宽知识视野,破除专业壁垒,了悟人生真谛?

教师在面临人才培养、科学研究、社会服务等诸多任务中,是否有可能在教材教参案例的编写中,完成方法和知识体系的建构;在教学的实践中,发现问题,解决问题;在教学服务中,激发现实的激情,增长服务社会的能力?

大学的精神,不只在教师的传道授业解惑中,更在一代代学子的生命风采和社会各界人士的精神风范于校园中可感知地存在,在学校留下的一栋楼、一笔奖学金、一棵树、一幅画、一方碑石……都构成学校最美丽的风景,给一届又一届学子心灵滋养。学院是否应该关注并努力营造更有精神意味的环境呢?

教育面临的困扰和任务前所未有的艰巨。在这些困扰和任务的旋涡中,我们或许无力改变什么,但我们不能放弃责任,放弃思考和梦想。

刘勰《文心雕龙·原道》云:"夫以无识之物,郁然有彩;有心之器,其无文欤?"成就心灵的丰富性,你的世界才绚丽多彩;成就表现的丰富性和创造性,才能把你的智慧奉献给世界。

弦歌不辍,文行远方。

祝学校事业更加蓬勃,祝学院发展有新的气象！祝各位领导、嘉宾,各位校友、老师,身体健康,生活幸福！祝同学们身心健康发展！

(2018年12月8日闽南师范大学文学院六十周年院庆致辞)

开学演讲寄语

（一）

新学期新气象，学校变得更加整洁，处处鲜花盛开。我们正准备迎接"文明学校"的评估专家。我想，大学是最有文化的地方，也当是最文明的地方；因为大学是拥有书籍最多的地方，是读书的地方。书籍正是心灵之源头活水。大家都很熟悉朱熹的《观书有感》这首诗："半亩方塘一鉴开，天光云影共徘徊。问渠那得清如许？为有源头活水来。"心灵如何照见天光云影？当然要有清澈的水。如何让心灵之水不腐、不浊、不干涸？最重要的方式就是读书。宋代诗人黄庭坚说："士大夫三日不读书，则义理不交于胸中，对镜觉面目可憎，向人亦语言无味。"读书，是提高生命境界最重要的方式，一个不爱读书的人往往是乏味的、没有情趣的，因为心灵没有了源头活水，便浊了、干涸了，脸上没有光彩，语言则一地鸡毛。关于这一点，许多大家如张爱玲、林语堂、周国平皆有类似的体会，又如曾国藩曾说："人之气质，由于天生，很难改变，唯读书则可以变其气质。古之精于相法者，并言读书可以变换骨相。"就是这个道理。

读书不可无友。交友往往透出你的品位。孟子说："一乡之善士，斯友一乡之善士；一国之善士，斯友一国之善士；天下之善士，斯友天下之善士；以友天下之善士为未足，又尚论古之人。"我们要有与天下之善士以及古人交朋友的能力。你一定要选择会读书的人当朋友，"奇文共欣赏，疑义相与析"，这样才能让你心灵的光源更强大，照得更远，更细微。

从这学期开始，每个学期开学我们都要举行开学式，开展"学者谈治学""作家谈创作""校友谈创业"的主题演讲。若不读书，谈何治学，谈何创作，谈何发展？学者、专家、优秀的校友最应是我们的朋友。很幸运，今天我们请到了著名诗人、文学评论家欧阳江河老师来翻开这一页。

（2014 年 9 月 1 日开学演讲寄语）

（二）

经过了一个最长的寒假，带着父母的祝福，踏着春天的脚步，我们又回到学校。今晚，我们在此举行开学演讲，期待同学们能尽快进入学习状态，在新的学期有更多的收获。

这几天，我在微信上转了一篇文章，那是 1936 年 9 月，声望卓著的科学家、时任浙江大学校长竺可桢的开学演讲，该演讲稿最早刊于《国立浙江大学日刊》第二十号，其中有两段话在此与同学们分享：

诸位在校，有两个问题应该自己问问，第一，到浙大来做什么？第二，将来毕业后要做什么样的人？我想诸位中间，一定没有人说为文凭而到浙大来的，或者有的为到这里来是为了求一种技术，以做谋生的工具。但是，谋生之道很多，不一定到大学来，就是讲技术，亦不一定在大学。美国大文豪罗威尔氏说："大学的目的，不再使学生得到面包，而在使所得到的面包味道更好。"教育不仅使学生谋得求生之道，单学一种技术，尚非教育最重要的目的。

一般人以享福为人生最大目的，中华民族必遭灭亡，历史上罗马之亡可为殷鉴。现在的世界是竞争的世界，如果一个民族还是一味以享受为目的，不肯以服务为目的，必归失败。我们应该以享福为可耻，只有老弱残废才能享福，而以自食其力为光荣。英国国王在幼年时，必在军舰充当小兵，惟其如此方能知兵士的疾苦。全世界最富的人是煤油大王洛克菲(Rockefeller)，他的儿子做事从小伙计做起，所以他们的事业能子孙相传不替。二十多年前，中日同时派学生留学欧美，中国的学生，一看见各类机械，便问从何处购买？何处最便宜？而日本的学生，只问如何制造？中国人只知道买，以享受为目的，而日本人则重做，以服务为目的。

因而竺可桢校长叮咛同学们：

第一，诸位求学，应不仅在科目本身，而且要训练如何能正确地训练自己的思想；第二，我们人生的目的是在能服务，而不在享受。

这些话现在依然对我们有启示。我们一直期待文学院的同学能成为一个博雅的人，有文采的人。怎样让自己有文采呢？刘勰在《文心雕龙》中说："精理为文，秀气成采。"所谓"精理"，就是领悟事物的道理，即事而穷其理。"秀气"，即灵秀之气，也就是有一个丰盈的内在世界。而这二者皆离不开读书和思考。

(2015 年 3 月 2 日开学演讲寄语)

（三）

新东方联合创始人、真格基金联合创始人王强有一篇文章《人生最大的捷径是用时间和生命阅读一流的书》，开篇提出北大为什么能培养出企业家：如北大英文系的俞敏洪创办新东方；图书馆系的李彦宏创办百度；学中文的黄怒波成为中坤集团创始人，在冰岛购置土地；龚海燕创办世纪佳缘。然后指出，因为北大给予了他们一样东西，那就是怎样塑造生命的东西，使得他们对知识的渴望超过一切。在文章中有两段话，我想和同学们分享：

正是读经典，读那些能够改变我们生命轨迹的书籍，成为北大人离开校门后不管走到哪个领域，能比别人走得稍微远一点的保证。因为那些书不是字，是生命，而这些生命对读者的生命来说，是一种引领。

现在我们生活在信息的海洋里，也算人生有幸，但是要接收的信息太多了。那么什么样的书该读呢？我读书的选择是这样的：畅销书坚决不读，不是我看不起畅销书，而是我知道生命有限，只能读人类历史上大浪淘沙的作品。我所读的作品的创作年代越来越早，因为我觉得越是早期的人，他们写下的文字越是生命的写照。

人读书越多，越不会被外在的环境所困扰，也不会被寂寞孤独这样可怕的东西所折服。因为书籍逐渐在人的心灵里建造了一个完全独立于外界的力量的王国，这个王国是被心灵完全拥有的，在这个世界里栖居着令人神往的古今中外丰富而伟大的灵魂。

当一个人的心灵完全拥有这样一个王国的时候,他灵魂的承受能力会有多么坚强! 因为他完全不需要依靠任何外力来支撑他的生命。

所以我常说:I read,therefore I am! 我读,故我在!

我希望同学们可以找这篇文章来看看。

(2015 年 9 月 10 日开学演讲寄语)

(四)

今年的"春晚",我最难忘怀的人是第三届全国道德模范评选中荣获全国孝老爱亲模范称号的朱清章和他的养母。1975 年冬天,朱清章的养母突发脑溢血摔倒。经过医院救治半年后,命虽然保住了,却成了"植物人"。养子朱清章精心照料着母亲,每天,他都要给母亲按摩,从腿部到头部,拍打、滚动、搓揉,一次至少半个小时。三十一年的生命守候,三十一年的不离不弃,奇迹发生了,八十岁的母亲竟然重新站了起来。这让我想起一个故事:

很多感觉住在一座岛上,有一天在大地震后岛要沉了,所有的感情都纷纷逃亡,只有爱留到最后才走。

这时所有救生筏已经都被用完,于是爱在冰冷的海水中向其他的感情求救。它首先向虚荣求救,但是虚荣觉得爱被海水弄脏了,而不愿意让它上来。

爱在冰寒彻骨的海中奋力挣扎,又向财富求救。

财富说:"不行,救生筏上装满了金银珠宝,没有空间。"

于是孤独的爱仍然抱持着信心向快乐、欢笑、幸福、满足、自我、傲慢、冷淡求救,但是在大风浪中不是无法拉住爱,就是被冷冷地拒绝。

终于爱疲惫了,它失去了力量,沉没海水中。突然,有一名老者将它拉上救生筏,并且将所有的感情都送到一个安全小岛生活。

爱一直在找那个救命恩人,但是一直没消息。最后它遇见了智慧,问它:"那个救我的恩人是谁呢?"

智慧回答爱:"啊! 那个老人是……时间,因为只有时间可以证明爱的存在。"

时间可以证明一切,时间意味着坚守,意味着对美好信念的执着,意味着不为世俗左右的韧性。正由于此,时间不再是空洞的,而有了滴水穿石的力量;正由于此,生命才有了奇迹。

学习中,尤其是学语言文学,很容易因找不到目标而茫然,很容易因看不到一时的功效而困惑、空虚,很容易由此失去热情、失去学习的兴趣,很容易放弃努力。学习是一个过程,一定要给自己的努力一个时间。

纪伯伦有这样一首名诗,是由香港中文大学才女童元方译的:

> 生命的确是平庸与暗淡,除非有激情,
> 一切激情是直撞与盲冲,除非有知识,
> 一切知识是庞杂与纷扰,除非有实践,
> 一切实践是空洞与虚幻,除非有爱。

对于学中文的人来说,一定要有激情,要有梦想,同时要读书,要猎取知识;但知识一定要能转化为学识,这就需要思考和实践。当然,所有的思考和实践还是要回到人自身,丰富自己,拓展自我。孔子说:"人而不仁,如礼何? 人而不仁,如乐何?"只有爱的人生,才值得一过。

(2016 年 3 月 2 日开学演讲寄语)

(五)

又开学了,每次新学期开始,我和在座的老师、同学一样,内心有一种莫名的期待,虽然你还辨不清期待什么,但你隐约知道那期待是在远方,那是心灵的眺望。

正是在这样的眺望中,在春天,我们心灵相约许久的著名作家王蒙先生来到我们身边,此时,或许只有热烈的掌声才能表达我们内心的欢喜和感激,热烈欢迎王蒙先生。

王蒙先生,大家都很熟悉,我不必作太多的介绍。他曾任《人民文学》主编、中国作协副主席、中共中央委员、文化部部长等职。19 岁时创作出长篇小说《青春万岁》,22 岁时发表小说《组织部来了个年轻人》,并一直坚持创作至今。已发表作品近千万字,被译成英、法、德、俄、日等 20 余种文字出版。2015 年获茅盾文学奖。王蒙先生是当今文学界创作最为丰硕、最具有活力和最具探索精神的作家之一。

今天,一起来到现场的还有我们学校的老校长、著名学者林继中先生,福建省作家协会杨少衡主席,漳州及厦门的诗人、作家们,漳州电视台、《闽南日报》社等媒体的朋友们,还有来自社会各界的王蒙先生的忠实读者,在此我谨代表文学院师生表示热烈的欢迎。

王蒙先生在获得茅盾文学奖的小说《这边风景》后记中说:

> 许多许多都改变了,生活仍然依旧,青春仍然依旧,生活的躁动和夸张、伤感和眷恋依旧,人性依旧,爱依旧,火焰依旧,日

子仍然鲜明……万岁的不是政治标签、权力符号、历史高潮，是生活，是人，是爱与信任，是细节，是倾吐，是世界，是鲜活的生命……得益于生命的根基，所以文学也万岁！

　　今天王蒙先生从"交通与温暖，世界不再陌生""记忆与提升，人生不再空虚""陪伴与洗礼，风暴不再恐惧""戴着镣铐的舞蹈，点到就好""心如涌泉，意如飘风""永远的文学，永远的问候"六个方面讲述了文学为何不老，如何永远年轻。王蒙先生说，文学是一种挽留，既是对人们青春岁月的挽留，也是对美好日子的挽留，更是对生活中酸甜苦辣的挽留，没有文学，生活就会很空虚。文学是不老的，人类可以通过文学创作来延长自己的生命，同时，这种用美丽的符号固化生活的美丽的过程，对作者而言也是一种提升。正是因为文学的存在，人类的生活和记忆才得以保留，并使情感有所寄托和升华。

　　听了王蒙先生的讲座，让我们学文学的人倍感充实和幸福，记得王蒙先生曾说：一个新生命的诞生，对周围世界的接触和认识，是从睡前母亲的故事开始的，而这种文学的存在，正是人类和陌生世界交通、靠近、命名的过程，而当下，这种人生中最美好的体验正在消失。

　　外面似乎还下着雨，听了王蒙先生的讲座，我们坚信，明天的阳光将如期而至。

　　热爱文学，意味着喜爱阅读，在文学的阅读中，只要你有心，就会有无数独立而向上的灵魂与你不期而遇；热爱文学，意味着热爱文字、热爱思想，是真、善、美的追求者、传播者、捍卫者。生命美好，文学永远。

　　　　　　　　　　　　　　　　（2016 年 3 月 10 日开学演讲寄语）

（六）

二月的漳州已是春意融融，开学了，今晚我们相聚一堂，参加开学主题演讲，以开启新学期的学习生活。

记得去年的春天，正值开学季，著名作家王蒙来到这里，作了名为"永远的文学"的主题演讲，告诉我们文学对个体生命，对社会，对民族，对世界的那份永远的力量。在上个春天，我们都感受到文学的温暖，倍增对母语的热爱，倍感学习中文的幸福。那天外面飘着丝丝小雨，然而每个人的心空上却有星光闪烁。文学院的学子们都更深情地怀抱起那个文行远方的梦。

为了能走向远方，心中一定要有远方。身虽处漳州，但我们通过大量的经典阅读，与来自不同时空的人对话交流，扩展心灵的疆域；通过课程的学习，在老师的引导下打开一扇扇窗户，看远方的风景。同时，我们通过听名家讲座，与远方的人交流，在一盏盏璀璨的灯下描绘我们自己的蓝图。

虽然，俗话说"活到老，学到老"，但我们依然要倍加珍惜大学四年的学习时光。有一位诗人说：

四年同窗，最残酷的不是月台上的送别，月台上送别其实是最温情最煽情的一幕，真正的残酷是毕业十年以后，人与人的差距恐怕会让一些人不想再相聚，这才是同学之间真正的残酷。眼下这四年怎么过，将决定十四年后你想聚还是不想聚！

什么人过得最糟糕？长达四年的冬眠者，你在两头都看不见他（她）：图书馆里见不到他（她），体育场上见不到他（她），日后走出校园走向社会了恐怕还是见不到他（她）。

人一辈子，在任何一个阶段，都不要忘了自己的身份，你现在的身份就是学生——一切都要以学习为主。

　　学习文学意味着你获得精神生活的可能性比任何一种专业都要大，拥有自己独立精神的可能性比别人要大。作为汉语专业的学生，你要有尊严，要为民族文化的发展负责，为民族文化的精魂而战。

　　这位诗人就是《车过黄河》《梦》《唐》《中国底层》《无题》《鸽子》《结结巴巴》《饿死诗人》《张常氏，你的保姆》等诗的作者伊沙。

　　关于伊沙，刘小微在《论伊沙诗歌语言的创生性意义和策略》一文中指出，他的诗带给我们轻松，也带给我们思索和顿悟，戏谑调侃的背后，深藏的是对人类、对社会、对文化的关注，他是一个冷静的理想主义者，本着最严肃的写作态度，审慎地丰富着汉语写作的经验与纬度。而伊沙曾这样评述他自己：

　　我写下了一些东西，这些东西可能与众不同，易于分辨，读起来比较好玩，也激怒了一部分人，认为不是诗——这是攻击吾诗最顺手最惯常的武器，我使汉语在分行排列的形式中勃起，我为汉诗贡献了一种无赖的气质并使之充满了庄严感，我使我的祖国在二十世纪末有了真正意义上的当代之诗、城市之诗、男人之诗，我使先锋与前卫从姿态变为常态——汉诗的"后现代"由我开创并只身承担，在我的诗行面前任何一个鬼子都不敢轻视我的母语（你尽可以嘲笑我的传统，如该死的布罗茨基），跟你妈教你的语言同等幽默、有劲、大开大合、荡气回肠的我为我妈锻造的语言——我的新母语。

下面我们有请著名诗人伊沙为我们作题为"做现代人,读现代诗:世界现代诗歌欣赏"的主题演讲。

(2017 年 2 月 20 日开学演讲寄语)

(七)

又开学了,对在座的大二同学来说,这已是第四个学期,时间过得真的很快,"弃我去者,昨日之日不可留;乱我心者,今日之日多烦忧",面对大学时光的流逝,我不知同学们心中可有波澜?是否在回首中思考,在思考中奋发,在奋发中眺望远方。

周一的晚上,我们请了著名诗人伊沙来为大一同学演讲,伊沙老师为同学们介绍了许多著名诗人,朗读了不少由他翻译的优秀的诗篇,从莎士比亚、叶芝、里尔克,到布罗茨基、茨维塔耶娃、阿赫玛托娃、帕斯捷尔纳克。那个夜晚,如伊沙老师谈阅读现代名诗的感受"除了美好,还是美好",他带我们触摸到人类智慧最高的结晶。我曾用自己写的一首诗表达感受:

那一刻
芳华四溢地绽放
茫茫人流中的你
蓦然回首

风中的眼睛
在城市的上空寻找
直到天荒地老

地球也会失忆

花非花

宇宙依然洪荒

于无声处

化茧成蝶

这蝶梦

是千年的期许与誓言。

　　我想，文学院的学生必须热爱文学，热爱诗歌。北京大学中文系教授陈平原曾写过一篇文章《诗歌乃大学之精魂》，说热爱诗歌，因痴迷诗歌而获得敏感的心灵、浪漫的气质、好奇心与想象力，探索语言的精妙，叩问人生的奥秘，所有这些体验，都值得大学生们珍惜。

　　热爱阅读，热爱诗歌，当然是不够的，尤其是对于大二的同学来说。我们常说没有无缘无故的爱——为什么热爱，热爱什么？我们是大学生，不能稀里糊涂地学习和生活，要学会思考。笛卡儿有一个重要的哲学命题——我思故我在。生命的"在"，很容易被指认为物质化身躯的在场，其实，只要你心不在，你不在思考，生命其实不是真正的"在场"。只是读，只是听，而不思，你就落入"习焉不察"的境地，你还处在蒙昧状态。

　　有一位著名学者在一篇文章中很是赞叹法国科学家、思想家帕斯卡尔的话："人只不过是一根苇草，是自然界最脆弱的东西，但他是一根能思想的苇草……因而我们全部的尊严就在于思想……我应该追求自己的尊严，绝不是求之于空间，而是求之于自己思想的规定。我占有多少土地都不会有用，由于空间，宇宙便囊括了我并吞没了我，有如一个质点；由于思想，我却囊括了宇宙。"这位学者在文章《现代境遇下的人生归宿》中曾说：

然而人与自然中其他一切物种确是有着本质的差异,人有思想。这便是人的全部秘密,是人无上尊严之所在……人类因此超越了自然。思想使我们能够自觉而深入地考究自然的奥秘,探索人自身生命的价值和意义。追求人生意义的过程使我们清楚地意识到,生命的意义并不在于我们能够现实地占有多少财富,占有多大的空间,而是要能够彰显人之所以为人的本质性的东西,即人的尊严,生活的意义和生命的价值。

这位学者还在《哲学是美好生活的向导》一文中说:

金钱、地位、权势等外在的东西不能给人们带来美德、幸福。美德、幸福不能向外去寻觅,它们只存在于我们的灵魂深处,它们是自由思想园地里所盛开的花朵……要获得美德和幸福,我们就必须改造自己的灵魂,就必须浇灌精神的家园,就必须丰富自己的思想。

他认为,幸福生活需要有智慧之光的指引才能得到。这位著名的教授就是北京大学的胡军老师。今晚他来到现场,将为我们作题为"理性如何引导我们的生活"的演讲。他将告诉我们:思想为何,如何思考,如何合理地思考,如何提高我们的思考或思辨能力。

胡军老师著有《金岳霖》《道与真》《分析哲学在中国》《哲学是什么》《知识论》《燕园哲思录》《中国儒学史(现代卷)》《中国哲学的现代转型》《中国现代直觉论研究》等,发表论文 150 多篇。这个数量在这个时代并不算太多。然而让我仰视的是那著述背后的情怀。胡军老师学术研究的重点在中国现代哲学和知识论,他力求以自己的理性来思考如何解决和推进我们社会面临的种种文化问题。

(2017 年 2 月 22 日开学演讲寄语)

（八）

外面下着丝丝小雨，在春天，在这样的夜晚，我们自然想起"好雨知时节，当春乃发生。随风潜入夜，润物细无声"这样的诗句。晴朗的日子里我们很想到阳光下走走，而雨夜我们便可以静下来，读书，听听讲座。

开学了，这冷冷的雨来得正是时候，它让我们好好想想，剩余不多的大学时光该怎样度过？大三和大四的同学最关心的问题是未来的工作或考研。课程的学习基本结束，复习、实习、应聘、赶毕业论文成为主要的任务。面对不一样的任务，不少同学感到茫然。

课程的学习固然重要，但大学的学习又不仅在课堂上。社团活动、暑期实践以及大三开启的上述任务，主要是在实践中学习。既然是学习，就依然是扩展知识、训练思维、培养能力的过程。在实践中认识自我、丰富自我的过程，在实践中了解自己知识的不足；在实践中面对任务拓展自己的阅读和思维，在实践中融汇知识，加强知识运用的能力。一定不要眼睛只盯着目标，为实习而实习，为考研而考研，为求职而求职，而是要在这个过程中你生命内在要有所收获。

梁启超在《教育与政治》一文中指出："教育是什么？教育是教人学做人——学做现代人。"怎样成人，怎样做一个现代人，昨天晚上我们请了北大著名哲学教授胡军来做了名为"理性如何引导我们的生活"的演讲，人与自然中其他一切物种本质的差异就是人有思想。正如法国科学家、思想家帕斯卡尔所说："人只不过是一根苇草，是自然界最脆弱的东西，但他是一根能思想的苇草……因而我们全部的尊严就在于思想。"他指出，幸福生活需要有智慧之光的指引才能得到。所以要能独立运用理性去思考自己和社会面临的问题，或者说，能够通过材料发现问题，通过逻辑分析、反思论证、系统结构解决问题。

阅读、思考、研究、写作。如果说,大一、大二重在阅读与思考,那么,大三、大四就要重在实践,懂得研究,学会写作。那么如何写作呢?今天我们邀请了我们的优秀校友陈子铭老师来给大家演讲。

陈子铭老师是 1986 级校友,现担任芗城区宣传部副部长兼广电文化体育局局长。近年来出版了《一个人和一座城的联想》《大海商》《漳州月港》《生活在故乡》等作品,引起社会广泛关注。他将给我们带来他的真切体会和宝贵经验。他演讲的题目是"诗意的交集:地方传统文化的现代解读"。

(2017 年 2 月 23 日开学演讲寄语)

(九)

今年的春天来得特别早,闽南已是百花争艳,在这明媚的春光中,同学们的心灵是否随着和煦的春风变得轻盈起来?是否能感受到鲜花绽放的那份生命的芬芳、美丽、自由和飞翔?一年之计在于春,在这万物蓬勃生长的季节,我们是否心中泛起层层涟漪?是否听到心灵深处有个声音:该更加珍惜时光,让自己生命如花,迎春绽放?

今年我们迎来建校六十周年,前几天,我们召开了老教师座谈会,在回顾中,大家想得最多的是:这么多年,我们留下了什么?形成了怎样的传统,未来的路该怎样走?校园拓展了,楼房变换了,同学来来去去,那不变的是什么?好几位老师想起了苔花诗社、芗涛剧社,想到 20 世纪 80 年代初始,中文系建立诗社,命名"苔花诗社",社名取自袁枚的诗《苔》"白日不到处,青春恰自来。苔花如米小,也学牡丹开",我们学校是一所很普通的大学,学生也都来自普通家庭,很多来自农村,然而,文学院的师生们能心向远方,却依然珍惜生命,懂得一定要让自己的生命绽放。

记得有一位著名学者说过，人文学科当然也有知识，也传播知识，但它不是最主要的，它的特点是其中有一种精神的传承，是一种人文的教育，它不是从无到有的教育，它是要唤起每个人心中的人文自觉，思考或学会思考如何做人，人之为人的东西是什么。每个人都有做人的能力，但并不是每个人都有做人的自觉，不少高学历的人对情感、对生命非常冷漠。一个人对生命会不会敏感，会不会尊重，这是非常重要的。他说，人文教育应该唤醒人性的正常发展，帮助生命开花。大学生需要懂得"人之所以为人"，并为社会创造精神价值。是啊，生命绽放的过程也就是生命觉醒的过程，正如这位学者所说，获得做人的自觉。这位学者今天就来到我们身边，他就是复旦大学陈思和教授。

　　陈思和先生是著名文学评论家，20世纪90年代以来，他提出一系列文学史新概念，如"中国20世纪文学的民间文化形态""战争文化心理""共名与无名""潜在写作""新文学整体观""隐形结构""先锋性因素"等，几乎每一个概念的提出都开拓了一个新的研究空间。

　　陈先生还是一位关注当代生活的知识分子。他在出版、编辑上用力颇多，不只著书立说，还把自己的研究和社会结合在一起，引领社会，影响社会。这在当今的知识分子之中实在很少。

　　陈先生还是一位教育家，他关注文学教育，关注人文教育，他的思考、他的实践，是这个时代非常需要的。

　　下面我们有请陈思和先生为我们演讲。

（2018年3月16日开学演讲寄语）

激情 梦想 创造

今天,我们在 2014 年中秋节的前一天相聚在这里,不同的省份,从东北到西南,有研究生,有本科生。十五的月亮十四圆,这必将是你们人生中一次最重要的相聚。在此,我代表文学院全体教师欢迎你们,欢迎你们成为有五十六年历史的闽南师范大学文学院中的一员。同时,我也要为你们点赞,在这个科技化、功利化、数字化的时代,你们不跟风,敢于选择更具梦想、更富有激情且充满创造的专业。在无数人做着"发财梦"的时候,你们选择追求心灵的富有和高贵。读中文专业或许也能给你带来物质财富,但它更追求超越于物质财富之上的幸福和快乐。

语言是存在的家,文学是恒久的梦。来到文学院,你们将开始构筑心灵的家,寻找美丽的梦。这里将为你们提供一个理想的筑梦之所,因为学校和学院有 200 多万册的藏书,还有 250 多万册电子图书。文学院有全校最强的师资和最丰富的学术资源,他们将伴随大家一起,满怀激情,追寻走向全国、走向世界、走向远方的梦。

美国思想家、文学家爱默生说,"所谓的大学教育,其实就是读书——阅读那些被大多数学者共同认为是迄今为止最能代表科学文化水平的好书","在图书馆里,数以百计的亲爱的朋友围绕在我们周围,只是他们被那些皮革的盒子以及纸张中的'巫士'所囚禁。而那些思想家们是知道我们的,他们中的一些人已经等待我们两百年、一千年甚至是两千年了,他们渴望与我们沟通,向我们表露心声"。在这刚开启的四年美好时光中,千万不要轻易错过他们。好书能拓展我们心灵的空间,你们终于可以不再为了考试而读书,可以在书海中自由翱翔。2008年北京大学新生开学典礼邀请新东方教育科技集团董事长兼总裁俞敏洪老师讲话,他说:"我知道进了北大不仅仅是来学专业的,要读大量大量的书,你才能够有资格把自己叫作北大的学生。"他说:"看到同学们一本一本书在读,我拼命地追赶。结果我在大学读了800多本书。"那么你们的目标是多少呢?

　　阅读,关乎思考,关乎情感和想象,关乎写作和创造。会阅读,是对文学院学子最基本的要求,要形成良好的阅读习惯:在这电子化时代,每天还能拿起书本,不管是在课堂上还是在课外,不管是在教室、宿舍还是在餐厅;还包括大量阅读经典,"远离那些浅薄而毫无益处的书,尽量去回避新闻界中那些琐碎的闲谈和小道消息";还包括热爱汉语,让躺在纸张上的文字站立起来,感受到每一个文字的温度。

　　会读书,意味着善思考。读书,并不只是获取知识,更不是为了考试,重要的是获取思想和智慧,获得心灵的滋养。我们生活的这个时代,物质财富无限地丰富,不少人思想却趋于贫乏。学而不思则罔,没有思考,没有探寻,当然就没有发现,没有分享。

　　我以为,写作是促进思考的重要方式,也是提高阅读水平的重要方式。一般来说,学中文的人笔最勤。因为写,你读得用心;因为写,你能知他人为文之用心。我们希望每一位同学都爱阅读且会阅读,爱思考且善思考,爱表达且能表达。所谓"能表达"既指能时常拿起笔,更指能用符号,尤其是汉字,表现这个世界,表现思想和感情,能用汉字让凡庸的生活变得富有情趣和意义。要做到这一点,除了大量的阅读,除了细心的揣摩,除了坚持书写,别无他途。

　　读书不可无友,一定要选择会读书的人交朋友,"奇文共欣赏,疑义相与析"。文学院不乏名师,我们有不少全国知名的教授,如全国知名西方文学理论史研究专家刘庆璋教授,杜甫研究专家林继中教授,楚辞研究专家汤漳平教授,老舍研究专家张桂兴教授等;还有不少才子,你们很快就会听到师姐、师兄们说,文学院有"四大才子"或"五大才子"。要找机会联系上他们,认识他们,让他们指导你们的人生。此外,文学院每年都会聘请几十位全国知名专家学者、诗人作家来校交流讲学。你一定要去认识其中至少一位,让他们的思想、智慧及创作点亮你的人生,时时温暖你的人生。当然我们离厦门大学很近,我们完全可能在厦大的校园碰上心灵的导师。到了大学,不交或少交"八卦"朋友,朋友是心灵的一面镜子,你一定要珍惜自己,不要降低自己的品位。

暑假中我曾和十五位本科生、七位研究生一起到台湾明道大学参加闽台文学创作研习营,在同学们的作品朗诵会上,我很感慨地说:热爱诗歌、热爱文学,就是热爱生活、热爱生命,就是珍惜生命中每一次相逢。进入文学院是幸福的,不管这次高考成绩是否理想,来到这里之前是否还有些许失落,都已成为过去,我们一定要不断拓宽自己的视野,让心灵伸向那梦幻般美丽的远方,让诗和远方照耀着我们前行的路。

关于文学院,关于你们,我有许多梦想,我希望文学院的每一位同学不仅是学习者,也是建设者,在我们的校园里,不仅有你们求知的身影,而且处处有你们的爱和智慧,有你们的故事和富有创意的作品。

我梦想,文学院的每一位学子都能找到自己的声音,这个声音不仅独特、优美,而且交汇着古今中外如屈原、司马迁、陶渊明、杜甫、苏东坡、莎士比亚、雨果、巴尔扎克、列夫·托尔斯泰、鲁迅等许许多多杰出者的声音,甚至孔子、庄子、柏拉图、亚里士多德等的声音,甚至莫扎特、贝多芬、王羲之、颜真卿的声音。

我期待,文学院所有的学子,都有一把钥匙,通向时光隧道,那里有一条河,河边有你童年的故事、家乡的变迁,河流中还依稀荡漾着你的家人、朋友与你分享的时光,那河床更是一个民族的记忆。

我有一个梦想,不只图书馆,文学院里的每一个教室都透着浓浓的书香,在这里,老师文采飞扬,同学文思泉涌。这是知识与智慧的融合,心灵与心灵的对话,当你合上书,当你走出教室,走出图书馆,星星已闪烁在你的心空,你已成为更具文采、更有思想的人。

太阳每一天都是新的,因为我们绝不重复自己,绝不满足任何一个已经达到的目标;因为我们都热爱文学,希望从日常的凡庸琐碎的世界中,找到生命的价值和意义;因为我们从不放弃对远方的迷恋,"蒹葭苍苍,白露为霜。所谓伊人,在水一方。溯洄从之,道阻且长。溯游从之,宛在水中央",那追求伊人的梦幻是生命永远的召唤。

有梦想的人生才有激情,有梦想的人生才充满创造,有梦想的人生才真正美丽。激情与梦想是文学飞翔的翅膀,也是一切具有创造性的生命的翅膀,让激情融入我们深深呼吸的土地,让梦想与几千年的民族诗情相辉映,你们必然能够看到他人看不到的绮丽的风景。

"海上生明月,天涯共此时",明天便是中华民族传统的中秋佳节,或可让明月传情见证,我们每一位同学将不负今日之相聚,用心去朗照每一个日子,让被遮蔽的世界变得鲜活而澄澈。

(2014 年 9 月 7 日新生开学典礼致辞)

志于道 游于艺

　　木棉飘絮,凤凰花开,又是一个充满期待而又令人留恋的季节,我们又将欢送一批同学毕业,又有一批学子带着憧憬,带着思想,带着知识和智慧,走向社会。上午同学们参加了学校的毕业典礼,下午我们隆重举行学位授予仪式。在此,我谨代表闽南师范大学文学院全体师生向 2015 届 373 名圆满完成学业、顺利毕业并获得文学学士学位的同学表示热烈的祝贺! 向为你们的学习和生活付出辛勤劳动的老师和你们的父母长辈表示诚挚的敬意! 同时我还要感谢你们,感谢你们在四年的学习和生活中,同文学院一起成长,给文学院增添了力量和光彩。

　　近来常有毕业班同学到文学院主题墙前合影留念,这里的主题墙上写着三行字:"志于道,据于德,依于仁,游于艺;精理为文,秀气成采。"它们分别出自《论语》和《文心雕龙》。这几句话体现了我们共同的目标和追求,在此,我想把它们作为毕业赠言送给同学们,希望你们铭记在心。

　　"志于道",意味着有更高的理想和信念,有超越于世俗目标的追求。"据于德",意味着做一个有道德操守的人。"依于仁",意味着做一个有爱心的人,一个富有同情心的人,一个甘于奉献、能够积极帮助别人的人。孔子说的"博施于民而能济众"是"仁"的最高境界。也许我们达不到这种境界,但必须保持一颗向上的心,虽不能至,心向往之。必须努力去做，从日常生活做起，学会关心社会，帮助别人。这一点很重要，仁爱意味着愿意而且能够关心、帮助别人。失去这颗仁爱的心，我们就可能成为自私自利、蝇营狗苟的人。"游于艺"，从今天的眼光来看，意味着你有文艺方面的爱好和专长，并且能"游"于其中，获得心灵的充实和自由；意味着你在职业之外，能使自己得到更好的发展，能更好地安顿自己的人生。这一点，对于我们文学院的同学来说，更与我们的学习、生活密切相关。文学是一切艺术的根基，作为文学院的学生，我们更应该懂得"游于艺"的道理。更应该把自己培养成有丰富的艺术修养和高尚的审美趣味的人。

1932年6月27日，胡适在北京大学毕业典礼上演讲，寄语大学生：

一个人应该有他的职业，也应该有他非职业的玩意儿，可以叫做业余活动。往往他的业余活动比他的职业还更重要，因为一个人成就怎样，往往靠他怎样利用他的闲暇时间。他用他的闲暇来打麻将，他就成了个赌徒；你用你的闲暇来做社会服务，你也许成个社会改革者；或者你用你的闲暇去研究历史，你也许成个史学家。你的闲暇往往定你的终身。

有了心爱的"玩意儿"，你就是做六个钟头抹桌子工作也不会感觉烦闷了。因为你知道，抹了六个钟头的桌子之后，你可以回家写你的字，弹你的琴，画你的画，写你的文章，甚至于插花煮茶，都可以获得游艺的乐趣，这样的生活就不是枯索、无趣的了。

胡适在这里主要说的是人生不应该被职业所束缚和局限，应该有业余的"玩意儿"。胡适说的"玩意儿"不单指艺术，但我在这里借胡适的话特别强调艺术的重要性，"游于艺"的重要性。我希望大家在大学发展起来的兴趣不要因为工作繁忙而放弃，若尚未发现自己的兴趣,一定要努力去培养和发展,因为这和你的生活品质相关,和人生的自我完成相关。

"志于道,据于德,依于仁,游于艺",对于现实人生的自我完善来说,我觉得最重要的是"志于道","道"是人生的灵魂,失去高远的理想和信念,人生就难免在世俗的泥淖中沉沦下去。所以立志一定要高,要做一个"有道之士",否则,谈不上真正的"志于道,据于德,依于仁,游于艺"。单就"游于艺"而言,技进乎道,才可以"游",失去理想与诗意的光辉,纯粹的技艺并不足以使人生获得解放,使身心获得安顿。

"精理为文,秀气成采",意味着洞明世事,练达人情;意味着凡事能有自己的见解,不人云亦云,能感动于心,能由此及彼;意味着能把内在优美的情愫、丰富的心灵世界以文字符号呈现于外。对于文学院的学生来说,这可是我们的本行啊。希望大家走出大学,不要忘了读书和写作。记得鲁迅在小说《伤逝》里曾写道,结婚后的子君因生活的忙碌不再读书,他们的爱情之光也渐渐暗淡。生活和爱情,都是必须时时更新、生长和创造,而读书可以说是医治陈旧、乏味生活的良药。读一本本心爱的书,可以让我们的心充满生意,不会荒芜。

一般来说,喜欢读书、热爱文学的人最有气质。读书使我们的生活像孟子说的那样,充实而有光辉。读书与写作常常是连在一起的:读书能培养写作的能力,激发写作的兴趣;而写作则能使读书和思考变得更加深入和持久,而且通过写作能使我们更好地表达自己,学会更好地面对世界和自己。在读与写中,你将更好地认识世界、认识自己,将更好地享受生活,体验生命,使凡庸的生活变得富有情趣和意义。在读和写中,不但能完善自己的学业,而且能完善我们的人生。因为文学与现实人生有十分密切的关系,它并不是一种可有可无的东西。

同学们,作为文学院的毕业生,我们要做一个有文化、有境界的人。你们就要毕业了,我希望你们找到好的工作,希望你们一切顺利,生活愉快。但是人生最终的目标不在于获得令人羡慕的职业,不在于获得世俗的名利和地位,而更在于勇于承担道义和使命,更在于完善自我,做一个"有道之士",过一种富有诗意和智性的生活。人生的意义不仅体现于你做什么,更体现于你怎么做。马丁·路德·金在演讲中曾反复引用一首无名氏的诗:

> 假如你命该扫街
>
> 就扫得有模有样
>
> 一如米开朗琪罗在画画
>
> 一如莎士比亚在写诗
>
> 一如贝多芬在作曲

诚然如此,人生的意义不在于外在的形迹,而在于体现心灵高贵的品质。所谓文化素养也不是一种装饰或情调,而是实实在在体现于日常生活之中。

大学毕业,不在于一纸文凭,而在于你的一言一行都浸染着文化的气息。同学们,我希望你们在日常生活中,学会做一个有文化有教养的人,在待人接物,在面对自己和外在世界时,体现出你的品格和境界。

亲爱的同学们,每个人来到这个世界上都是独一无二的。我衷心地希望你们珍惜自己,在学习和创造中不断完善自我,过一种不甘于平庸的生活。大学毕业,意味着新的开始,你们的人生将翻开新的一页。我希望大学四年,在你们的心中播下诗意的种子,能生根发芽,开花结果,我衷心祝愿你们拥有一个美好的人生。

(2015 年 6 月 26 日在 2015 届毕业生学位授予仪式上的致辞)

文行必远

金秋,是诗的季节,晴空万里,阳光闪耀着金色的光泽,在闽南的香蕉林、橘子园,在紧邻学校的九龙江的波光中。踏着金色阳光洒满的路,喜爱文学、热爱母语的你们来到林语堂的故乡——漳州,来到闽南师范大学文学院。在此我代表文学院师生对你们表示热烈欢迎,并借此机会,对多年来培养你们成长的家人、师长,表示最诚挚的谢意!

一、文学永远

选择文学,其实是选择生命的高贵,因为生命的高贵在于有一个丰富的内在心灵世界,能够创造一个丰富的精神世界。而文学是语言的艺术,是心灵世界丰富性的创造性的表达。

孔子说:"兴于诗,立于礼,成于乐。"从语言文学的世界出发,滋长生命对世界鲜活的感觉,并由此建构生命与世界,生命自身的和谐与美丽。走进语言文学的世界,可以永远持有诗一样的生命的敏锐的感发,能建立一个和社会协调的秩序,能成就一个和谐的内心。

钱穆在《文学的意义,在于发现更高的人生》中说:

> 我们不必每人自己要做一个文学家,可是不能不懂文学,不通文学,那总是一大缺憾。这一缺憾,似乎比不懂历史,不懂哲学还更大。

想到中国的将来，我总觉得我们每个人先要有个安身立命的所在。有了精神力量，才能担负重大的使命。

这个精神力量在哪里？灌进新血，最好莫过于文学。

在中国文学史上，张衡的《归田赋》、陶渊明的《归园田居》影响很大，其呈现的正是人对安身立命所在的心灵的召唤和徜徉。而有了这，才能实现人自身的潜能和使命。

二、我们的学院

一般而言，师范大学最好的学科一般是中文和数学，因为语文和数学是中学最基础也是最核心的课程。

第一，我们学院拥有最悠久的历史，取得过卓越的成绩。文学院是我们学校办学历史最长的院系，1958年春，龙溪师范学校设立中文大专班，由此翻开我校办学历史上的第一页。六十载春华秋实，六十年薪火相传。文学院一直是学校综合实力最为雄厚的院系之一。1992年，汉语言文学专业成为学校首批获得学士学位授予权的专业之一；2003年，中国古代文学成为学校首批获得硕士学位授予权的学科；2010年，获得汉语言文学一级学科硕士点；2012年，学校依托我院"中国语言文学"一级学科，通过教育部"服务国家特殊需求博士人才培养项目"，获得博士学位授予权；2013年6月，经学校批准成立文学院，掀开了发展历史上的新篇章。

第二，我们学院有最好的师资。著名的清华大学校长梅贻琦先生曾说："所谓大学者，非有大楼之谓也，而有大师之谓也。"文学院不乏名师，且是全国名师常来交流的地方。我们拥有全国首届文科博士之一、杜甫研究专家林继中教授；拥有西方文论研究知名专家刘庆璋教授；拥有楚辞研究、屈原研究知名专家，全国楚辞学会副会长汤漳平教授；拥有老舍研究知名专家张桂兴教授；拥有闽南知名作家青

精理为文　秀气成采——语文教育讲演集

30

禾,书法家李木教、沈舜乾老师。文学院现有专职教师71人,其中教授16人,副教授28人;拥有博士学位的教师32人,博士比例达55%以上。文学院重视学术交流,每年均邀请海内外高校、科研院所知名学者几十人次来开设讲座,也是举办全国乃至国际学术研讨会最多的院系。

曾有一位刚毕业的同学发邮件给我说:

> 读大学,首先应当是读大师。中文系里有许多博学多才的老师,他们能把课讲得既仰望天空而又脚踏实地,着实令人赞叹与佩服。从他们的身上,我学到了许多为人与治学的道理。

若干年后我想在座诸位也会有类似这样的体会,并能为自己选择来这所学校,来到这所学校的文学院而自豪。

第三,我们培养出许多优秀的校友。一届又一届闽南师大校友在祖国的各个岗位上迈下"金色的足迹",学校在五十五周年校庆之时编辑出版了《闪光的路》一书,囊括了学者文人、党政领导、商界骄子与教学名师共80人,其中中文系校友34人,他们中有复旦大学教材《电视剧艺术形态》的编著者、1982届校友严前海,全国组织系统先进个人、1982届校友黄在发,福建省对口支援新疆副指挥长、1993届校友蔡亚东,中国社科院《文学评论》副编审、1993届校友吴子林,中央《求是》杂志社编辑、1998届校友黄文川,福建教育电视台台长、1983届校友孙捷敏……校友们闪耀夺目的光辉,折射出母系的光芒。我们虽然没考南开大学、厦门大学、暨南大学等知名大学,但却有校友在这些学校任教工作,有校友和这些知名大学的毕业生在同一个单位工作,取得很好的成绩。

三、学会学习,发现自己,成就自我

第一,向书本学习:大量地阅读。

上大学做什么？我想，第一是读书。我们经常称去上学为"去读书"，而知识人也叫读书人。据姜朝晖《引导阅读也是大学的责任》一文印证，中国高校传媒联盟近期面向 525 名在校大学生开展了一项调查，覆盖了 27 个省（区、市）。调查结果显示，去年一年，除去教辅书籍外，37.15％的大学生阅读图书量低于 5 本，其中6.13％的人课外阅读量为零；而第十二次中国国民阅读调查结果显示，2014 年我国成年国民综合阅读量为7.78本。近四成在校大学生的阅读量，竟然还不如我国国民的平均阅读数量。这是很让人吃惊的事。不少大学生来到大学，只是为了考试，于是只看教科书，看上课笔记，浪费了最好的四年青春年华。2008 年 9 月开学典礼上，北大邀请了新东方教育科技集团董事长兼总裁俞敏洪讲话，他说："我知道进了北大不仅仅是来学专业的，要读大量大量的书，你才能够有资格把自己叫作北大的学生。"他说："看到同学们一本一本书在读，我拼命地追赶。结果我在大学读了 800 多本书。"而上面提到的从我们这里出去的优秀校友，如 1982 届的严前海，1983 届的孙捷敏、1993 届的吴子林、1998 届的黄文川……这些同学在大学时无不是读书迷。我希望每一位同学都给自己订一个目标，每个学期阅读不少于 50 本书。

　　上大学，最重要的是精神成人，12 岁至 24 岁是生命中最重要的阅读时期，阅读大量的经典，能给你们的生命带来光明温暖的潜质。而如果得不到好的启迪，你就很容易跟着世俗走，被流俗淹没。

　　读书，增加你对世界的认识，并能不断返回生命自身。在这个过程中，你的精神慢慢生长着。

　　第二，向老师同学学习。

　　美国作家托马斯·克拉克有一篇散文《假如我再成为大学一年级生》，其中说："我一定要比过去更加努力去熟悉亲近我的授课老师。那时我的认识是，这些老师我是越少麻烦他们越好。但后来我终于认识到，我的旧日老师（包括那些起初看来很难接近的老师）乃是极其可爱的人，不仅学识丰富，而且心地宽厚，乐于助人。我至今认为，我在大学期间的最大乐趣与最大收获便是我总算至少熟识了一位老师，而这件事给我带来的启示之大几乎胜过任何其他学习。"在大学，有来自不同省份，甚至不同国家的同学；还有许多名师，你一定要培养与他们交朋友的能力。哈佛大学学生的成功，一个很重要的秘诀便是，规定每个本科生除了与同学交往外，都应该与一位甚至几位大学名师建立起这样或那样的联系。

向校外专家学者学习。每年我们文学院会邀请来自全国各地乃至世界各地的专家学者、作家、艺术家、社会成功人士来交流演讲，一定要多听讲座，拓展见识，使自己的起点能够更高。

第三，在实践中学习。

多参加社团活动，选择参加假期社会实践活动。在活动中增强研究意识，拓展文化推广能力。"纸上得来终觉浅，绝知此事要躬行"，人文学科尤其要知行合一，文学院学生社团很多，且有很好的传统，如苔花诗社、芗涛剧社曾获得很多荣誉，锻炼出许多优秀的学生。现在文学院有芝山剧社、墨韵书画协会、云水茶艺协会、泠音琴社、既明文学社、唐音吟诵社、南风戏曲协会、闽南文化研究会等社团，同学们可根据自己的兴趣进行选择，尽量把社团文学文化活动与文化经典的学习结合起来。此外，我们还为同学们搭建了名家写作营、闽台写作研修班等很多专业的实践平台，可把专业课程的学习与课外实践结合起来。

第四，学会成长，学会生存。

首先，学会储存时间。人的生命时间是有限的，要学会管理时间，学会把时间留住。在中国古代，读书人以"立德、立功、立言"作为留住生命时间的方式，那么我们该如何突破个体有限的时间呢？一定要发现自己的爱好，并以此为中心，收藏所有相关信息。

其次，学会把美放大。我们常说，生活中不缺少美，但缺少发现美的眼睛。当我们的生命停留在假、恶、丑的世界里，停留在世俗化的物欲中,美被淹没,会远离我们。一定要努力培养自己处处发现美的能力,把美放大,让美占据着你的心灵世界。

最后,学会爱护自己的身体,坚持锻炼。健康的体魄对于生命的存在和发展至为重要。要养成锻炼的习惯,生命在于运动,青春的美也在于运动、活力。

此外,学会处理日常生活问题。孔子说"君子成人之美",学会在生活中帮助别人,学会在困难时请求帮助。

大学时光是很短的,真诚希望每一位同学离开大学时成为优秀的阅读者、写作者、思想者;成为有理想、有道德、有仁爱、有品位、有文采的真正的文化人、文明人。

秋天是诗歌的季节,是思想的季节,记得梁小斌有一首诗《我热爱秋天的风光》,诗中说:"秋天像一条深沉的河流在歌唱/河流两岸还荡漾着我优美的思想//秋天的存在/使我想起在耕耘之后一定会有收获/我有一颗种子已经被遗忘//我长时间欣赏这比人类存在更古老的风光/秋天像一条深沉的河流在歌唱。"

热爱诗歌,热爱文学,热爱生命,文行必远。

(2017 年 9 月 17 日新生开学典礼致辞)

带着人世间最好的馈赠勇敢地出发

在一个绵长的雨季徘徊了很久,当阳光时而直射着校园,绽放出非同一般的火热;时而大雨突然而至,季节告诉我们,又一批学子要从此出发,走向远方。在此我谨代表闽南师范大学文学院全体师生向 2019 届圆满完成学业、顺利毕业并获得文学学士和文学硕士学位的同学们表示热烈的祝贺!向给予你们知识和智慧的老师,支持和关心你们的父母、家人表示诚挚的敬意!

2015 年 9 月的一天,我在这里欢迎你们,那份喜悦和期待犹在眼前。今天,你们带着老师和家人的馈赠再出发,喜悦和期待依然,又多了一份不舍和留恋。

"相见时难别亦难",别时总是有许多话想说,但却不知从何说起。今天,我还是从我经历的一件小事说起。

有一位研究生,很希望我能成为她的导师,她一再表示,虽然她大学读的是很一般的学校,但她很爱学习,一定会加倍努力的。我曾回复她,文学院有很多优秀的老师,选择谁不要太在意。结果出来时,她未能如愿。她给我打电话,表示不能接受。

我约了她到操场散步。我告诉她,选择我为导师,其实不是最好的。我告诉她,她现在的导师在专业上比我更优秀,而且由于负担行政事务,我常常会分心,因为繁忙常常不能花很多时间指导我的学生。操场散步的人很多,她的心情也渐渐平静。我们交流着一些人生的体会。

我们走着。前面几步远有一个弃置的塑料袋，我并未在意。她弯下腰捡了起来，然后放在附近的垃圾桶里。此时，我感到很羞愧。我想，在操场上散步的人不去捡，我大概也没有勇气去做这样的事，而她却很寻常地去做了。

这让我想起了鲁迅的《一件小事》。这篇作品说的是一个冬天，"我"出门去办事，雇了一辆人力车，在路上，车不小心把一位老人带倒了。车夫停下车，扶老人起来。而"我料定这老女人并没有伤，又没有别人看见，便很怪他多事，要自己惹出是非，也误了我的路"。车夫却毫不理会，搀着她的手，一步一步地向前走，走进前面一所巡警的分驻所。"我这时突然感到一种异样的感觉，觉得他满身灰尘的后影，刹时高大了，而且愈走愈大，须仰视才见。而且他对于我，渐渐的又几乎变成一种威压，甚而至于要榨出皮袍下面藏着的'小'来。"文章最后说，在生命中"我"经历了很多事情，但"独有这一件小事，却总是浮在我眼前，有时反更分明，教我惭愧，催我自新，并且增长我的勇气和希望"。

鲁迅写《一件小事》有特定的背景，其内涵有很多面向。我要问自己，也想问你们，在日常生活中，我们是否有照见自我的能力，从而不断催己自新？这个世界虽然多彩，但远没有我们想象的完善，在生活中，我们人性中美好的德性是否能不被俗世遮蔽，不被习惯所左右？我们是否能在任何情境之下持有一份人性的美好？在人们都无视红灯横穿马路时，你是否依然能独自站立，遵守着规则？看到公共环境中地上的果皮，大家都无视的时候，你是否有勇气拾起放进垃圾桶？当你纯洁美好的言行遭遇轻蔑的微笑、辛辣的嘲讽，或目睹某些非人性的丑陋，如一首诗中所说，"当我的紫葡萄化为深秋的露水""当我的鲜花依偎在别人的情怀"，你是否依然相信人性的善，相信世界的美好，相信未来？当你的努力并未达到预期的结果，或你的理想追求遭到他人的误解，甚至被否定，你是否依然能初心不改，不离不弃，爱着自己，爱着他人，爱着这个变幻不居的世界？

我要说，我们可以普通，但一定有对自己作为人的美好天性的坚守；我们或许很卑微，但我们不放弃努力，不放弃对社会该有的一份责任，愿对世界奉献我们的光和热。孔子说："君子成人之美。"不管生命处于何种境遇，都能让自己天性中美好的东西得到成长，能帮助别人成就属于人的美好追求。这样我们就不愧为读书人、中文人，就可以说是一个站立的人，一个"大写的人"。

我想，上大学更主要的不是得到知识。英国数学家、哲学家怀特海在《教育的目的》一书中说："一定要等到你课本都丢了，笔记都烧了，为了准备考试而记在心中的各种细目全都忘记时，剩下的东西才是你所学到的。"剩下的东西，或者说你们学到的这些东西是什么呢？怀特海说，应该是自主学习的能力，智力活动的习惯，融入身心的原理。

比如有面对世界的方式。记得台湾诗人萧萧说过，吃东西有很多方式，最重要的有三种：吃你最喜欢吃的，保持你自己；吃你从没吃过的，让你对世界永远好奇，永远有颗探究的心；吃你不喜欢吃的，让你能对这世界有更强大的接纳能力，有更深更全面的理解。这三种方式也是我们面对世界重要的方式。如此，我们就能"心向天地开放，人与纯真往来"，成长自己，在旅途中与更多美好的人、美好的事相遇，遇见更好的自己。

大学没有，也不会教给你们如何开展工作、如何经营家庭中具体的知识和技巧；但只要把工作、把家庭当作另一种学习的场所，以你们大学四年所获得的学习的方法、发现问题解决问题的能力，在知识和技巧的学习中所获得的智慧，在遭遇困难时所积淀的勇于面对、敢于吃苦的优良品质，充分发扬，就一定能够让你们变不知为知，化不能而能，在工作和家庭中同样取得优异的成绩。

在分别之际,我还想跟你们说说我作为院长的心里话,能成为文学院的院长是最幸福的,因为选择来文学院的同学最不功利,最不为世俗所左右,最有礼貌,最有情怀,最有气质,最懂得生命该有的一份浪漫和尊重。和你们在一起,感受着你们生命美好的成长,让我不停地赞叹着生命成长的奇迹。真心感谢生命中有你们,化用张爱玲的一句名言:于千万人之中遇见你所要遇见的人,于千万年之中,时间的无涯的荒野里,没有早一步,也没有晚一步,刚巧赶上了,没有别的话可说,唯有轻轻地道一声:"噢,这些年有你们在一起,真好!"

很久很久以前,上帝派亚当去人间拯救众生,问亚当:"人间有高山大河你怕不怕。"亚当说:"我不怕。"继而接着问:"人间有黑暗的森林和凶猛的野兽,你怕不怕。"亚当说:"我不怕。"上帝说:"既然这样,那你去吧。"亚当说:"可我害怕。"上帝问他怕什么,亚当说——怕孤独。于是上帝把文学和艺术给了亚当。同学们,你们学会了如何让知识转化为智慧,懂得该如何积善成德,让德性之光照耀着通向远方的路;且又饱读诗书,牵手书画琴茶,你们拥有了人世间最好的馈赠,可以快乐地出发了。

同学们,在你们即将出发之时,我想和你们一起重温四年前开学典礼上的梦想:

我梦想,文学院的每一位学子都能找到自己的声音,这个声音不仅独特、优美,而且交汇着古今中外如屈原、司马迁、陶渊明、杜甫、苏东坡、莎士比亚、雨果、巴尔扎克、列夫·托尔斯泰、鲁迅等许许多多杰出者的声音,甚至孔子、庄子、柏拉图、亚里士多德等的声音,甚至莫扎特、贝多芬、王羲之、颜真卿的声音。

我期待,文学院所有的学子,都有一把钥匙,通向时光隧道,那里有一条河,河边有你童年的故事、家乡的变迁,河流中还依稀荡漾着你的家人、朋友与你分享的时光,那河床更是一个民族的记忆。

太阳每一天都是新的，因为我们绝不重复自己，绝不满足任何一个已经达到的目标；因为我们都热爱文学，希望从日常的凡庸琐碎的世界中，找到生命的价值和意义；因为我们从不放弃对远方的迷恋，"蒹葭苍苍，白露为霜。所谓伊人，在水一方。溯洄从之，道阻且长。溯游从之，宛在水中央"，那追求伊人的梦幻是生命永远的召唤。

有梦想的人生才有激情，有梦想的人生才充满创造，有梦想的人生才真正美丽。激情与梦想是文学飞翔的翅膀，也是一切具有创造性的生命的翅膀，让激情融入我们深深呼吸的土地，让梦想与几千年的民族诗情相辉映，你们必然能够看到他人看不到的绮丽的风景。

2019届毕业生们，我们要感谢你们的努力，你们在成就自己的同时，也推动着学院的发展。感谢你们对我的信任和支持，你们的鼓励一直是我努力去工作、努力去创造的最大动力。也请你们记得感谢所有帮助你们成长的人，请你们带着梦想，带着感恩的心，带着对社会的责任，带着文学院师生的嘱托，"用你们的思想、声音和双手去想象、去创造你们希望看到的新世界"，并由此成就最好的你，成就闽南师范大学文学院更美好的明天。

再次祝贺你们！你们都拥有了一张通向"前程似锦站"的高速列车票，远方也已向你们招手致意，出发吧，2019届全体毕业生！

（2019年6月26日2019届毕业生毕业典礼致辞）

哪里有知识,哪里就有美德

　　木棉花开了,化成满园飞絮,飘向远方;凤凰花开了,以跳动着的青春火焰走进夏季。又是毕业班同学们踏上新的征程的日子。

　　"来时开欲尽,去日满花枝。嗟尔艳如火,曾经照别离",在这美丽绽放,让人充满期待、让人无比留恋的时节,我代表文学院师生向2014届完成学业顺利毕业并获得硕士学位的22名研究生表示最热烈的祝贺!同时我还要表达一份真诚的谢意,感谢你们对文学院各项工作的关心、理解和支持,对文学院发展做出重要贡献。当然我也借此机会,向为同学们付出辛勤劳动的各位老师表示最诚挚的敬意。

　　学文学,从事文学教学与研究是幸福的,但在闽南师范大学从事文学教学与研究,我还是感到有许多缺失。因为我一直觉得,我们的校园离文学有点远。

　　曾记得,老校长有过愿想,在博文楼、达理楼和图书馆之间辟一个很大很大的湖,让天光云影、教学楼、树木能倒映在水中,并由此明示我们,有水的地方就有倒影,这倒影是另一种我们不该忘记、值得重视的现实。后来这个地方变成了钻石广场。

　　文学是另外一种现实。水中月,镜中花,心中有一方池塘,池中有清澈的水,就有天光云影。朱熹《观书有感》:"半亩方塘一鉴开,天光云影共徘徊。问渠那得清如许?为有源头活水来。"读书、思考、写作,就是让心中拥有"源头活水",让心中那一泓清泉永不干枯,永远清澈。

我们生活的世界还并不安宁。

记得去年这样的日子,我与毕业班同学们分享了一个故事:一位老师在学生学业结束时带他们到一片旷野上完成最后一次课。

老师问:"现在我们坐在什么地方?"

弟子们答道:"坐在旷野里。"

又问:"旷野里长着什么?"

答曰:"长满了杂草。"

老师说:"是的,旷野里是长满了草,不过现在我想知道,该如何除掉这些杂草。"

弟子们大大出乎意料,一直探讨人生奥秘的哲学家最后一课竟是如此简单的问题。一弟子抢先开口:"用手拔掉即可。"另一个弟子答道:"用锄头锄掉会省力些。"第三个弟子更为干脆地说:"用火烧最为彻底。"

老师站了起来,说:"那好,现在你们就按各自的方法除一片杂草,没除净的一年后再在此相聚。"

一年后,几个学生都来了,原来的地方已不再是杂草丛生,不过还是参差不齐长着一些不知名的草在风中摇摆,而老师却没有来,但在地上却摆着老师一生的全部著作,上面还留有一张纸条,上面写着:"要想除掉旷野里的杂草,方法只有一种,那就是在上面种上庄稼。"

我想,面对社会的种种弊端,面对人性中的丑陋,请不要停留在抱怨中。"毋以善小而不为,毋以恶小而为之",要努力呵护真、善、美,努力传播真、善、美,哪里有知识,哪里有美德,哪里有美,哪里就有心灵的家。种上真、善、美,努力传播真、善、美,心灵就不会荒芜,不会杂草丛生。

请记住母校，不管走到哪里；请依然关心文学院，让文学院和你们共同成长，一起走向更加美好的明天。

（2014 年 6 月 12 日研究生毕业晚会致辞）

相信未来　热爱生命

一路走来,从幼儿园、小学、中学、大学,一直到今天研究生毕业,许多东西都在变,你得到了许多,也可能失去了许多。不断地离开熟悉的朋友,你也结识了不少新的朋友。新的陌生的环境已变得熟悉,而那曾熟悉的一切又变得有点陌生。经历着生命的喜悦、茫然、期待、失落,有痛苦懊恼,也有欢笑快乐。然而喧闹过后,夜深人静时,有一双心灵的眼睛,总能看见那洁白纯洁的天空,它是无猜的童年、是妈妈无私的爱,它一直闪现在梦中,它还站在地平线上,在白天里闪烁着迷人的光芒。

妈妈/我看见了雪白的墙//早晨/我上街去买蜡笔/看见一位工人/费了很大的力气/在为长长的围墙粉刷//他回头向我微笑/他叫我/去告诉所有的小朋友:/以后不要在这墙上乱画//妈妈/我看见了雪白的墙//这上面曾经那么肮脏/写有很多粗暴的字/妈妈,你也哭过/就为那些辱骂的缘故/爸爸不在了/永远地不在了//比我喝的牛奶还要洁白/还要洁白的墙/一直闪现在我的梦中/它还站在地平线上/在白天里闪烁着迷人的光芒/我爱洁白的墙//永远地不会在这墙上乱画/不会的/像妈妈一样温和的晴空啊/你听到了吗//妈妈/我看见了雪白的墙(梁小斌《洁白的墙》)

我爱洁白的墙。永远地不会在这墙上乱画,不会的,像妈妈一样温和的晴空啊,你听到了吗? 捍卫和呵护那洁白纯净的心空,这是我们对自己生命的承诺,也是对他人生命,对社会该有的永远的承诺。

　　时光流逝,我们知道,很多东西都在消失,那曾陪伴我童年的漂亮的布娃娃已找不到了,家乡的方言也听不到了,高速公路、动车线、无数的大楼,可是我熟悉的田间小道不见了。我们多么期望美好的时光能够停留,多么期望那心中曾依恋的一切都不要离开,于是,青春岁月,常留下一声声轻轻的呼唤。

　　　　还给我/请还给我那扇没有装过锁的门/哪怕没有房间也请还给我/还给我/请还给我早晨叫醒我的那只雄鸡/哪怕已经被你吃掉了也请把骨头还给我/请还给我半山坡上的那曲牧歌/哪怕已经被你录在了磁带上/也请把笛子还给我/请还给我/请还给我爱的空间/哪怕已经被你污染了/也请把环保的权利还给我/请还给我/我与兄弟姐妹的关系/哪怕只有半年也请还给我/请还给我整个地球/哪怕已经被你分割成/一千个国家/一亿个村庄/也请你还给我(严力《还给我》)

　　还给我,请还给我那扇没有装过锁的门,请还给我半山坡上的那曲牧歌,不少美好的往事已和希望分离,不少记忆中人和事已无法牵手。人总要长大,尽管我们难舍记忆,难泯失去过去的忧伤,但请相信明天,相信自己,勉励自己在美丽的忧伤中奋力前行。

　　　　当蜘蛛网无情地查封了我的炉台/当灰烬的余烟叹息着贫困的悲哀/我依然固执地铺平失望的灰烬/用美丽的雪花写下:相信未来/当我的紫葡萄化为深秋的露水/当我的鲜花依偎在别人的情怀/我依然固执地用凝霜的枯藤/在凄凉的大地上写下:

相信未来/我要用手指那涌向天边的排浪/我要用手掌那托住太阳的大海/摇曳着曙光那支温暖漂亮的笔杆/用孩子的笔体写下:相信未来/我之所以坚定地相信未来/是我相信未来人们的眼睛/她有拨开历史风尘的睫毛/她有看透岁月篇章的瞳孔/不管人们对于我们腐烂的皮肉/那些迷途的惆怅、失败的苦痛/是寄予感动的热泪、深切的同情/还是给以轻蔑的微笑、辛辣的嘲讽/我坚信人们对于我们的脊骨/那无数次的探索、迷途、失败和成功/一定会给予热情、客观、公正的评定/是的,我焦急地等待着他们的评定/朋友,坚定地相信未来吧/相信不屈不挠的努力/相信战胜死亡的年轻/相信未来,热爱生命(食指《相信未来》)

勇于探索,执着思考,因为路,在行走中,更在思想中。

曾习惯于跟着父母走,跟着老师走,跟着流俗走,其实那没有路。路,首先是一种痛苦的选择。你听到了远方的召唤,尽管隐约,也不清楚那远方在哪。于是激动、不安、彷徨、期冀,在生命的躁动中,你努力抚摸着、分辨着属于自己心灵的声音。你于是想打开那扇通往远方的门。

选择是一个不断舍弃的过程,要听从属于心灵深处自己的声音,然后鼓足勇气,以坚强的意志努力跨出去。那是一段你必须自己独自承担的旅程。

是啊,每个人来到世界上都是一个独特的创造,他人无法代替你去思考,自己的路还必须自己去走。岁月如流,叶落无声。我们有过许多美好的念想,而这许许多多的念想总是在匆匆的时光中,如穿行在枝叶间的缕缕阳光,细碎、迷离,明明灭灭。生命就这样在不知不觉中轻轻流逝。人生能做的事情很有限,我们必须脚踏实地,在一次次告别中走向远方。

明天,你们又将出发,去寻找生命该有的丰富、轻盈和诗意,请相信未来,热爱生命。

朋友,请坚定地相信未来吧,相信不屈不挠的努力,相信战胜死亡的年轻,相信未来,热爱生命。

(2018 年 6 月 9 日研究生毕业晚会致辞)

高远　高贵　高雅

今天,站在这里,作为文学院院长,我感受到一种幸福,一种光荣。我们又有 340 名本科同学毕业,其中 336 名同学获得学士学位、62 名研究生毕业并获得硕士学位。在此,我代表文学院全体教师向同学们表示热烈的祝贺! 向给予你们知识和智慧的老师,支持和关心你们的父母、家人表示诚挚的敬意! 同时,作为一个长辈和老师,我也想表达我的祝愿,祝愿你们在将来的生活、工作和学习中,继续努力,进德修业,不断完善自我,打造美好幸福的人生。

"君子豹变,其文蔚也",很高兴看到你们在校期间身心健康地成长,一个个化茧成蝶。如今毕业了,你们将带着文行远方的梦想,去迎接生命的新境界。学院挂上了 24 盏灯笼,上面有 24 个非毕业班同学对你们的美好祝福,而你们也将在老师和同学的欢送中踏上红地毯,开启人生新的旅程。

这是一个难忘的日子,在中国共产党成立一百周年之际,你们毕业啦! 你们注定不同寻常。这是一个转折,人生的转折,时代的转折。同学们,你们迎来了更好的发展机遇,也面临着更大的挑战,在临别之际,我想轻轻地问一声:你们准备好了吗?

我相信,你们都准备好了,也为你们深深地祝福!

时代的发展日新月异,在享受发展成果的同时,我们也面临着科学技术和人才的竞争,面临着不同文化的隔阂,面临着不同政治体制间的较量,面临着科学技术的高速发展与社会科学、人文学科的不适应所带来的精神危机,还有疫情的威胁。而且,我们在高质量的发展中,还有许多矛盾和问题需要破解。希望你们不忘"学文将以载道,克己惟欲归仁""志于道,据于德"的箴言,关注身边的发展,关注国家的命运,关注世界的变化,从中激发生命的能量,为社会的进步和发展贡献你们的智慧和力量。希望你们放眼世界,志存高远。无论何时何地,都能突破一己之私的局限,眼光不只停留在眼前,停留在一己之利益,爱自己也爱别人,心有朋友,心有他人,心有家国,心有天地。

成为一位中文人是一种福气,因为学文学的人与书特别有缘。阅读改变人生,知识改变命运,希望你们能保持阅读兴趣,继续以经典感发生命。喜爱读书,热爱文学,做一个有文化、有智慧、有诗意的人。让阅读成为生命中不可或缺的一部分,它将影响我们的一生。在这变幻莫测的时代,保持定力,认清自己、认清世界。

孔子说,兴于诗,立于礼。要站立起来,首先要把责任捧在手里。幸福其实也是一种责任和担当。有了工作单位,必须全力以赴,对单位负责;建立了家庭,就要担当起妻子或丈夫的责任;当有了孩子,要必须尽到妈妈或爸爸的责任。对自己的生命负责,也就是对亲人负责,对朋友负责,对家庭负责,对单位负责,对社会负责,对国家和民族负责。

人世间最高贵的是你的思想。法国著名哲学家帕斯卡尔说:"人只不过是一根苇草,是自然界最脆弱的东西,但他是一根能思想的苇草……因而我们全部的尊严就在于思想。"读书明理,请用思想的点点滴滴的光亮,照见事物间隐秘的联系。能寓意于物,让万物可亲可爱,可观可居,让生命回到创造的本质。希望你们能保持中文人的特质,化腐朽为神奇,让普通变得不平常,日常的生活也能获得精神的滋养,日子变得如诗如画。品茗、插花、焚香、写诗、弹琴、画画,让生活中的每一物,生命中的每一刻,都呈现出生命的万千气象。

曾看过一位作家的回忆文章，谈到他的小孩两岁多时，有一天晚上不睡觉，他把灯拉灭，小孩在黑暗中静默了一会儿，忽然伤心地哭了起来，说："我没有了，妈妈，我没有了！"他赶紧把灯拉亮。小孩愣了一会，看看四周，破涕为笑，拍着小手喊道："我又回来了。"是啊，没有光，看不到世界，看不见自己，人便生活在蒙昧中。所以伟大的艺术家罗丹大声疾呼："要有光，太阳的光明是不够的，人必须有心灵的光明。"那么我们如何保持心灵的光明呢？司马迁《史记·伯夷列传》在一次次对天道的质问中告诉我们，人世间美与丑、善与恶、真与伪将永远并存，真、善、美是人类希望之光，文明之火。发现美和善，将真的、善的、美的称扬传播，是人类穿越黑暗的途径。司马迁自觉肩负记载真、善、美那份沉甸甸的责任和使命。

我想，历史和现实常有幽暗之处，生命不乏凡庸和鄙俗，这个世界依然还存在假、恶、丑。在生命遭遇风雨，人生陷入泥沼时，我们依然要善意地理解这个世界，努力去看到这个世界的真、善、美，只有这样才能照亮我们内在的心空，成就我们美好的德性。

同学们，感谢一起相伴的日子，学校里有许多人羡慕我这位文学院的院长，因为我获得同学们满满的爱，我知道，这份爱，来自你们珍惜在文学院的每一个日子，你们像爱护自己的生命一样爱护着文学院。也正是这样的爱，激励着我、激励着文学院的老师，不管遇到怎样的困难，都能勇敢面对，不懈前行。

今天是个阴雨天，我想起古人送别的诗句"渭城朝雨浥轻尘，客舍青青柳色新"，心中不禁涌起惜别之情。然而"海内存知己，天涯若比邻"，我们不会孤独，我们的师生之情、同学之谊，将超越时空，历久弥新。

同学们，再一次祝贺你们。请整理好行装，带着高远的追求、高贵的品质、高雅的情趣，向更为广阔的天地出发，展翅飞翔！

（2021 年 6 月 24 日 2021 届毕业生欢送仪式上致辞）

拓展心灵空间才有幸福自由

继"龙人古琴课堂"在文学院挂牌后，今天，我们在龙人古琴文化村举行"中华传统文化研习基地"揭牌仪式，这无疑将进一步推进文学院与龙人古琴文化研究院的合作，推进闽南师范大学文学院师生乃至闽南师范大学学子们对传统文化的学习、研究和传承。

我一直觉得，现代化都市的喧嚣容易让人心中弥漫层层雾霾，它遮蔽着我们的心灵视域，让我们看不见美丽的风景，看不见远方。走进自然的山水，走进中华优秀传统文化，我们呼吸到新鲜的空气，心灵补充到更多的养分。它洗去尘埃，澄澈心灵，让我们看见生命该有的丰富的色彩，让我们的心灵宁静而致远。

我们走在工业化、城市化、科技化、信息化、全球化的路途中，我们获得生活中无数的便利，创造了更为丰富的物质财富，创造了许多新的神话；但我们不能没有前进中该有的伤痛感受。家乡的电站让山村有了电，它照亮了农村的夜空，但小河的水干涸了；生活在"地球村"的我们说着同样的语言，家乡的方言渐渐听不到了；高速公路、动车线、无数的大楼，可是古迹、田野不见了……我们知道，人类需要发展，但我们不能没有记忆，不能没有失去过去的忧伤，那美丽的忧伤正是我们更好地认识和把握现在及未来的基础。

人没有记忆，是无法认识现在的。中华传统文化是我们民族的记忆，它能帮助中华民族每一个人乃至世界所有人拓展心灵的空间。

记忆有多远,心灵的空间就有多大,而拓展心灵空间正是人类幸福自由的要义。

琴棋书画诗酒茶,古琴一直是让我们心灵自足丰盈的重要载体,我们将充分发挥基地平台的作用,与龙人古琴研究院同人携手合作,加强古琴文化的研习,致力于中华传统文化的传播,承担起作为知识人应有的责任。

最后,基地的建立要感谢龙人古琴研究院的大力支持,感谢闽南师范大学副校长肖庆伟教授、长泰经济开发区管委会主任的支持;还要感谢厦门大学中文系主任李无未教授、台南大学人文与社会学院院长林登顺教授、台南药理大学儒学研究所所长汪中文教授、明道大学国学研究所所长罗文玲教授、韩山师范学院文学院副院长张福清教授等光临现场,参加今天的授牌仪式。

(2014 年 12 月 27 日在中华传统文化研习基地揭牌仪式上的讲话)

小课堂　大舞台

　　2014年9月17日,是一个很值得记住的日子,龙人古琴文化村龙人古琴研究院与闽南师大文学院共建的"龙人古琴课堂"在这一天挂牌,文学院历史上第一次和文化企业合作,共建一个特殊的课堂。

　　虽只是一个小课堂,却能通向大舞台。"龙人古琴课堂"的建立,使文学院乃至全校古琴艺术爱好者有了一个学习交流、以琴会友的平台;文学院师生有了一个传统文化雅集的场所;梦想中的文学院古典乐队也可以借此建立;还为文学院人才的培养、学术的研究拓展了空间;为在漳州地区推广古琴艺术、传播传统文化设立一个重要的基地;更为重要的是,它将推动文学教育继承古代文人的传统。

　　在中国古代的文人传统中,文学和艺术本为一体,文学从不特立独行,文人的世界不只有诗有文,还有琴棋书画花茶酒,在琴棋书画诗中,生活不再只是眼前,还有远方和天空。孔子说:"志于道,据于德,依于仁,游于艺。"读书人,知识分子当有梦想,有高远的追求,还要有内在充实丰厚的德性,要有仁爱,要能在艺术的世界里悠游徜徉。然而不知从什么时候开始,文学和艺术分离了,学文学的可以不懂艺术,学艺术的可以不要文学的学养。前来参加今天授牌仪式的著名古琴家、国际古琴学会会长乔珊女士曾说过,真正的琴人需要付出更多努力,不仅要积累生活体验,还要提高文学造诣。可以类推,热爱语言文学的学子们,要阅读大量的经典,要积累生活体验,也要不断提高艺术的学养和品位。

张衡《归田赋》云："弹五弦之妙指,咏周孔之图书。挥翰墨以奋藻,陈三皇之轨模。苟纵心于物外,安知荣辱之所如?"琴本为文人的知心朋友,琴书生活是中国古代文士最为雅致、最有魅力的生活形态。站在古琴课堂,生活的美丽、生命的高贵流淌在心里,我们要特别感谢龙人古琴文化村村长、著名斫琴师谢建东董事长,感谢龙人古琴文化村副村长、龙人古琴艺术总监张锦冰老师,他们对文化的理想、热心,他们在经济上的支持和雅致的设计,让我们拥有了一个直抵心灵,通达天地的课堂;我们还要感谢龙文区宣传部部长叶明义校友对这一项目的热心推助,感谢学校领导的支持和相关部门的帮助,当然也非常感谢著名古琴家杨青先生、乔珊女士,感谢笛箫演奏家郑济民先生、青年古琴演奏家程鸿媛女士等热心支持,在古琴课堂演绎古琴艺术世界。

"龙人古琴课堂"的建设过程,是收获感动、收获温暖的过程,我想,这里有我们共同的梦想,这一"小课堂"定能成为所有志同道合者通向实现民族文化复兴的大舞台。

（2014 年 9 月 17 日在"龙人古琴课堂"挂牌仪式上的讲话）

书店断想

　　一座城市没有书店，就像一所大学没有图书馆，一个乡村没有学校，城乡的天空是怎样的黯然？可是当都市的书店少有人光顾，大学图书馆变得冷清，乡村的学校没有人上学，人的心灵是否渐渐失去了光彩呢？

　　记得二十世纪八九十年代，在城市行走，最容易找到的便是书店了。那时的物质世界渐渐丰富了起来，但人们不论做什么，总喜欢走进书店，至而流连忘返。后来大多城市里书店越来越难找了，你可能走过了多条街区，可依然找不到书店。偶尔有一个，也可能是专卖中小学教学辅导书的地方，狭小而拥挤。而在每一个街区，印象中，你都能看到大大小小的药店。从书店转换到药店，我有时想，我们是不是由对心灵、精神世界的追求，转向了对肉体、物质世界的关注？身体的健康的确很重要，但没有心灵的健康，人的肌体也很容易出问题。

　　有人说，外面的世界很大，要出去看看。高速公路、飞机、高铁，万里之行变得越来越容易。问题是，若没有读万卷书，即便行万里路，心灵何以致远？我们已行走在高速路上，书店、图书馆、学校犹如加油站，能让你停下来休息，加油充电，得到滋养，这样才能保证你能走得更远且往而能返。

　　博尔赫斯说过，如果有天堂，天堂应该是图书馆的模样。我想，所谓的天堂,本就是生命中最高贵的灵之所寄,而灵与书关系最为密切。曾国藩在给他儿子的信中说:"人之气质,由于天生,很难改变,唯读书则可以变其气质。"图书馆、书店、学校,为人们提供了最好的阅读空间,理应是我们心灵的圣洁之地。或者说,书店,我们期望它不只是售书的地方,也是一个最舒适的读书的地方,阅读经典的地方,还是一个提供阅读指导、艺文实践、思想启迪、文化交流等方面的公共文化空间。

在网络化、知识碎片化的时代,人的灵魂常碎得满地,更需要有一个凝神的处所。台湾诚品书店创始人吴清有说:"我希望,你不在家时,就在诚品;不在诚品时,就在去诚品的路上。"这似乎是一则商业广告,却别有深意,那是一种对生命更高贵的文化心灵的深深呼唤。今天,高校、出版社、作家协会及相关政府管理部门分别在此设立基地,期待更多的人能爱上书店,回到心灵的家园。

(2016 年 11 月 12 日,文学院艺文实践基地在众望书店揭牌,同时揭牌的还有华侨出版社、漳州市作家协会、芗城区文体广局所设的基地。漳州市 20 多名作家和文学院 40 多名师生等参与揭牌仪式)

茶香亦有书香

琴声吟诵声声飘院外,云为之驻足,

茶香书墨香香入心田,神因之远驰。

当我们读书、思考、写作,有阵阵琴声、淡淡茶香相伴相袭,我们倍感世界的美丽、人生的美好,生命不觉在诗意的生活中渐行渐远。

茶文化源远流长,且和文人,和文学,和生命的成长有着密切的机缘。

李清照《金石录》后序云:"余性偶强记,每饭罢,坐归来堂烹茶,指堆积书史,言某事在某书某卷第几页第几行,以中否角胜负,为饮茶先后。中,即举杯大笑,至茶倾覆怀中,反不得饮而起。甘心老是乡矣!故虽处忧患困穷,而志不屈。"这样惬意的茶书生活让李清照等文人乐不知返。是啊,清茶一杯在手,窗外风轻云淡,心在袅袅的茶香中轻盈而澄澈。

寓意于茶,让我们的生活变得雅致,心飞动而丰盈。古今文人雅士为我们留下许多饮茶的诗文:"九日山僧院,东篱菊也黄。俗人多泛酒,谁解助茶香。"(皎然《九日与陆处士羽饮茶》)"洁性不可污,为饮涤尘烦。此物信灵味,本自出山原。聊因理郡余,率尔植荒园。喜随众草长,得与幽人言。"(韦应物《喜园中茶生》)饮茶,品诗文,我们同文人雅士一起远离尘嚣。

茶艺,让平凡普通的生活变得优美绚丽;品茶,让我们心灵的感知变得细腻丰富。张则桐老师曾编著过《明清散文选读》,其中有一篇张岱的《闵老子茶》,记叙了张岱品闵老子茶并交挚友的经历,张岱品茶,只一品便知茶的产地,泡茶的水取自何处,是春茶还是秋茶,都了然于心。这是一种很细腻的感觉,这是精细的生活品位,让我们更热爱生活,让我们远离粗俗,走向雅致。

饮茶不仅益身,而且带给我们生命的感发。作家李国文在《文夫与茶》一文中说:"夕阳西下,晚风徐来,捧着手中的茶,茶虽粗,却有野香,水不佳,但系山泉。顿时间,我也把眼前的纷扰、混乱、喧嚣、嘈杂的一切,置之脑后,在归林的鸦噪声中,竟生出'天凉好个秋'的快感。茶这个东西,使人清心、沉静、安详、通悟。"我们学品茶,一起参与茶文化的研习,从茶出发,了悟古代文人生命感发的世界,觉知文化经典如何提升生命的感觉。

昨天(5月14日),我们2012级刘文西同学前往上海领奖,行前一天晚上给我发来短信告知,今天《海峡都市报》对他进行了采访,他说,文学院现在的文学氛围特别好,他很喜欢,也很感激,他会更努力地学习和写作的。爱,其实是写作之源,也是生命向上、向美最大的动力。

以茶会友,以茶走进经典,以茶传递温暖,传递爱。今天,云水茶艺协会正式成立,师生在此共同演绎四序茶会。站在这里,我最多的是感激。这里凝聚着同学们的努力和对生活的热爱,凝聚着在座老师的指导和关怀,凝聚着漳州科技学院老师的辛勤付出。此刻,2014年诗歌节,台湾著名茶艺师李阿利老师组织第一次茶会的情景如在昨日,台湾国学研究所罗文玲老师为茶艺协会命名,台湾著名书法家李宪专老师为协会题字,台湾著名诗人林焕章、萧萧老师为之赋诗的情景历历在目。真的要感谢生命中这份浓浓的爱缘。

时光匆匆,我们知道很多东西都会烟消云散,然而,或许生命中的这杯茶却融进了我们的生命里,弥漫在人生岁月中,只因为这里面有生命的热情，生命的趣味，生命的永恒的爱，生命永远的诗意。

（2016 年 5 月 17 日在四序茶会暨云水茶艺协会授牌仪式上的讲话）

有这样一种课堂

经过半年多的努力，"茶之序"文化发展有限公司与闽南师范大学文学院共建的"海峡两岸茶文化课堂"今天挂牌，春风、阳光、蓝天，还有这方围院，和大家一起见证这个课堂的诞生。这是继 2015 年"龙人古琴课堂"开设以来又一个特殊的课堂。

这特殊的课堂，满载着我们文学院师生的梦想。

前几天复旦大学著名的人文学者陈思和教授应邀前来作开学主题演讲，他告诉同学们，人在成长中要接受三种教育——生活教育、知识教育、人文教育。生活教育主要由家庭承担，知识教育主要由学校承担，人文教育则由家庭、社会和学校共同承担。但目前，生活教育和人文教育都得不到足够的重视，而且在青少年阶段最需要的时候却基本缺失。我们在知识化的世界走得很远，不少人慢慢失去了回头的能力，读书为了考大学，读大学为了找一份工作。考大学和求职成了学子们的人生目标，不知道生活的要义。不少人不会打理生活，不懂得爱和分享。我们想，在大学，有没有这样一种课堂，既能承担知识教育的任务，又能提高你的生活能力，同时还给你美的熏陶呢？有没有一种课堂，能从人性最基本的要求开始，去唤醒人性的正常发展，唤起每个人心中的人文自觉，思考或学会思考如何做人，帮助生命开花呢？

记得在 2016 年 5 月云水茶艺协会成立的时候，也是在这里，我告诉同学们：时光匆匆，我们考过的很多知识都会烟消云散，然而，或许你我倾心相见的这杯茶却融进我们的生命里，弥漫在人生岁月中，只因为这里面有生命的热情、生命的智慧、生命的趣味，生命的永恒的爱，有生命该有的那份永远的诗意。非常感谢"茶之序"文化发展有限公司黄亚平经理，他对茶文化推广的热情，对创意人才培养的关心，令人敬佩。而他在经济上的支持和协作发展的理念，让我们拥有了一个从舌尖到心底，融生活教育、知识教育与人文教育一体的课堂。要感谢林枫老师，她对教室的精心设计和无私的付出，让教室每一个细节都有丰富的内涵。感谢漳州市海峡两岸茶叶交流协会刘文彪会长，他为教室题字，且在建设过程中多次指导。感谢漳州市书法协会主席黄坤生、书法家沈顺乾教授、书法评论家张克锋教授，还有台湾书法家陈维德教授，他们为教室奉送珍贵的书法作品。感谢台湾著名诗人萧萧老师，著名茶艺师李阿利老师，国学研究所罗文玲教授。2014年诗歌节李阿利老师组织第一次茶会的情景如在昨日，罗文玲老师为茶艺协会命名，台湾著名书法家李宪专老师为协会题字，台湾著名诗人林焕章、萧萧老师为之赋诗的情景历历在目。感谢厦门大学钱建状教授、漳州科技学院蔡烈伟教授长期以来对茶文化活动的支持和帮助；当然还要感谢我们李校长能来为课堂揭牌，感谢现场所有的领导和嘉宾，正是生命中这份关心和帮助，让茶飘溢着人文的芳香。

谢谢大家，欢迎大家以后常来课堂品茶论道。祝愿文学院的学子们身心健康发展，期望大家共同努力，共同走向美好幸福的生活。

（2018年3月25日在"海峡两岸茶文化课堂"揭牌仪式上的讲话）

古琴文化教育人才
培养共同体的构建

今天,龙人书院、闽南师范大学文学院、嘉庚学院人文与传播学院、华侨大学文学院、泉州师范学院文学与传播学院在此共同签署了"联合开展培养古琴文化教育人才项目协议书",这是深化产教融合,构建以古琴文化为载体的优秀传统文化教育人才培养共同体的一次尝试。

五方协议的签署,有着我们共同的思考和理想:我们希望通过与龙人书院的合作,改变中文人才培养中普遍存在的重经典阐发而轻文化转化,重知识传授而轻文化实践,导致培养的人才传统文化传播能力、创新能力整体不强的状况,力求建构内化于心、外化于行的学习方式,培养以文会友、以趣相投的人文趣向,找到知识学习和知识转化的途径;我们希望通过五方的合作,在闽台本科人才培养合作的基础上,推动闽南地区高校之间本科人才培养的合作,在厦门、漳州、泉州同城化的建设中,通过某种方式形成教育合作圈,促使闽南区域乃至福建省高等教育教学质量和水平整体提高;我们也希望通过五方的合作,扩大教师间的学术交流面,教师的教学和研究不会停留在一个很窄的学科方向,而是围绕人才培养,不同学科间能交流对话,促使部分教师能向学科专业跨界融合的方向转型,有能力去推动目前高等教育学科专业的融合,以培养综合性应用型人才。

此次闽南区域四所高校,以中文人才培养为主的学院与著名文化企业围绕着本科人才培养进行合作,探讨具有扎实国学基础且兼擅传统文学艺术的古琴文化教育传播人才培养,以传统文化的挖掘和阐发为基础,创造性转化能力培养为核心,艺文结合,推动传统文化的学习与文化的教育传播、文化建设需要相结合。五方本着优势互补、合作发展的原则,师资互聘、课程共构共建、资源互嵌、学术课题共研。这样的合作,不仅促进校际学生间的交流,而且将形成跨校的新的"学习体",为学生的发展提供新的平台。这样的合作,也将促进校际教师间的跨学科交流,形成跨校跨学科间的研究体,为教师的学科视域的拓展提供机会。

语言文学与艺术结合,是中国文化中的悠久传统,它呈现文化与艺文的结合,道和艺的结合。闽南"校校企"的互嵌互动,优质资源融合发展,使以诗歌为中心的文学资源与以古琴为中心的艺术资源,旁及历史、哲学、礼俗等融合在一起,找到互联互通的良好方式,在文字符号与音乐符号的互相转换中,把不同学科不同知识打通,这将有效激发学生的创造潜能,推动创新人才的培养。

互联网信息化时代,是资源融合,不同学科、不同知识互联互通的时代,也应当是最具有创造性的时代。真诚希望通过我们大家的努力,能够培养出讲好中国故事,传播好中国声音的文化传播新人,为中国教育的综合改革和发展尽到我们应有的责任,也希望能得到更多热爱教育,热爱传统文化的人的关心、帮助和支持。

谢谢大家!

(2018年6月24日在闽南地区校企联合培养古琴教育人才论坛上的讲话)

阅读与诗意的世界

　　我们生活在一个科技化、数字化、功利化的时代，人的精神世界越来越受到挤压甚至漠视。现在的每一个人从小到大都很忙：小时候，要为学习成绩忙那永远也做不完的习题；上了大学，我们要为学分、文凭、考证穿梭于教室、图书馆和各种培训班；毕业后，我们要忙于工作，忙于家庭，忙于没有尽头的事务和应酬。而在繁忙之中，最容易丢失的就是心灵了，"忙"这个字的创构早已明示我们。

　　能否在繁忙之中，停下来，不为考试、不为工作、不为任何目的，去听一次音乐会，看一次画展，听一次讲座，寻找自己在繁忙之中被遮蔽的心灵？蔡元培1930年在答《时代画报》记者问时说：

　　　　我们提倡美育，便是使人类能在音乐、雕塑、图画、文学里又找见他们遗失了的情感。我们每每在听了一支歌，看了一张画、一件雕刻，或是读了一首诗、一篇文章以后，常会有一种说不出的感觉，四周的空气会变得更温柔，眼前的对象会变得更甜蜜，似乎觉到自身在这个世界上有一种伟大的使命。这种使命不仅仅是使人人要有饭吃，有衣裳穿，有房子住，他同时还要使人人能在保持生存以外，还能去享受人生。知道了享受人生的乐趣，同时更知道了人生的可爱，人与人的感情便不期然而然地更加浓厚起来。

走进文学艺术,感受文学艺术的美,在文学艺术中滋养自己,提高自我,获得生命内在自足的喜悦。

　　著名诗人陶渊明说:"奇文共欣赏,疑义相与析。"今天,我们在这,以杜甫作品的阅读与欣赏作为开篇,开启"一书一世界"阅读交流活动,希望这个活动能为大家提供一个心灵交流、精神分享的场所,很期待在这功利化、科技化的时代,我们还能有一个诗意的空间,重建诗意的世界。

　　夜幕降临,星光灿烂。

(2013 年 5 月 17 日首次"一书一世界"活动致辞)

让文字站立起来

又是木棉花开,树木吐翠;又是一年中的那个特殊的日子——闽南诗歌节,我们迎来来自海峡两岸著名诗人、书画家、学者,迎来省作家协会的朋友,在此,我要代表学院对光临此次诗歌节的朋友们表示最热烈的欢迎。

海峡两岸高校共同举办诗歌节,在我校已是第三届,它已成为两岸高校开展文化与教育交流合作的重要平台,成为我校和台湾明道大学友谊的象征,成为两岸诗人和艺术家谈诗论艺的舞台。诗歌节也成为我校尤其是文学院师生以诗会友、吟诗论道的平台,师生在诗人、作家、艺术家、学者的引领下,走进文学艺术的世界,那是一个充满真善美的世界,为学校人才的培养、学术的研究拓展了空间,并推动着教育向人文传统的回归。

记得,去年的九月,在开学典礼上我曾对同学们说:

我梦想,文学院的每一位学子都能找到自己的声音,这个声音不仅独特、优美,而且交汇着古今中外如屈原、司马迁、陶渊明、杜甫、苏东坡、莎士比亚、雨果、巴尔扎克、列夫·托尔斯泰、鲁迅等许许多多杰出者的声音,甚至孔子、庄子、柏拉图、亚里士多德的声音,甚至王羲之、颜真卿等艺术家的声音。

我期待,文学院所有的学子,都有一把钥匙,通向时光隧道,

那里有一条河,河边有你童年的故事、家乡的变迁,河流中还依稀荡漾着你的家人、朋友与你分享的时光,那河床更是一个民族的记忆。

而在"龙人古琴课堂"挂牌时我说:

> 在中国古代的文人的传统中,文学和艺术本为一体,文学从不特立独行,自古以来文人的世界不只有诗有文,还有琴棋书画花茶酒,在琴棋书画诗中,生活不再只是眼前,还有远方和天空。孔子说:"志于道,据于德,依于仁,游于艺。"读书人,知识分子当有梦想,有高远的追求,还要有内在充实丰厚的德性,要有仁爱,要能在艺术的世界里悠游徜徉。

我们希望同学们不仅文、史、哲融通,还能结合文学和艺术。中国诗歌源远流长,诗歌与绘画、书法等艺术创作有密切的联系。在历史上有许多诗、书、画兼擅的文士,其中最著名的有唐代的王维、宋代的苏轼。盛唐,诗书画的融合在"题画诗"上得到完美的体现。由此,文人雅士们或依诗意绘画,将诗歌的意境以绘画的形式展现出来;或以画意写诗,创作与绘画情境相结合的诗歌,可谓诗中有画,画中有诗。且又常用书法将诗歌题于绘画之上,三种各具特色的文学艺术形式汇于一体。

文学院的同学应该最热爱文字,最热爱传统。如何热爱自己的母语,如何让语言不只是符号,如何让文字站立起来,在信息化、全球化的背景中,如何继承传统,以文以诗歌为纽带,将诗书画这三种传统文学艺术形式紧密结合起来,以拓展我们的心灵世界,丰富人们的精神生活? 这是我们作为读书人,作为中文人应该思考的。闽南师范大学地处传统的书画之乡、诗歌之乡漳州市,历来注重诗书画的熏陶;台湾明道大学多年来也致力于营造人文荟萃的书香环境,设立了以诗歌、书法为主轴的国学研究所(含硕士班和博士班)。这次诗歌节,我们一起邀请了海峡两岸有名的诗人、书法家、画家,为诗书画的融合开辟新视角,展开新对话。诚祝闽南诗歌节圆满成功!

(2015 年 3 月 30 日在闽南诗歌节开幕式上的讲话)

以诗的名义，就是要让生命充满着爱

　　以诗的名义，清明诗会，我们大家相聚在一起；以诗的名义，这个夜晚，热爱诗歌的人心灵相依。

　　清明，是一个祭奠逝去者的节日，也是一个化悲为爱的节日。站在坟墓碑石前，我们燃香静思，不再有怨与恨，有的是对逝去者美好的回忆与祝祷，期望他们在另一个世界幸福安详。

　　在此，我想和大家分享一首诗。1926 年暑假，闻一多愤然辞去北京艺专的工作，携妻女返回老家。此时，他的爱女立瑛已患病，由于路途奔波，孩子病情加重。可闻一多还得为生计奔波，他经上海潘光旦的介绍，到吴淞国立政治大学任训导长。告别时，聪慧的女儿哭着不愿他离开，他还是含泪只身去了上海。妻子告诉他，女儿是经常呼唤"爸爸，爸爸……"的，但因工作刚开始，闻一多没时间回家，于是寄了一张照片。四岁的女儿立瑛时常看着照片，一边叫着爸爸，一边哭。就在这年的冬天，立瑛不幸夭折，再也没见到爸爸闻一多。起初，家人一直瞒着闻一多，怕影响他的工作。后来，妻子写信告诉他。闻一多闻此噩耗，立即赶回老家，没进家门就先打听女儿的墓地。回到家里，他把女儿用过的东西，很小心地包起来，上面写着："这是立瑛的。"家乡的夜变得很空，漆黑且沉重。闻一多写下了《也许——葬歌》：

也许你真是哭得太累，

也许，也许你要睡一睡，

那么叫夜鹰不要咳嗽。

蛙不要号，蝙蝠不要飞，

不许阳光拨你的眼帘，

不许清风刷上你的眉，

无论谁都不能惊醒你，

撑一伞松荫庇护你睡。

也许你听这蚯蚓翻泥，

听这小草的根须吸水，

也许你听这般的音乐，

比那咒骂的人声更美。

那么你先把眼皮闭紧，

我就让你睡，我让你睡，

我把黄土轻轻盖着你，

我叫纸钱儿缓缓的飞。

在深悲巨痛中，闻一多苦涩的泪水化为清晨莹澈的露珠，召唤出第一缕阳光，以清新如洗的丝线为桥，心通达到另一个世界，让爱女的世界永远光明宁静，只有永恒的爱。

是啊，爱无疑是人世间最美的花朵，今夜我们以诗的名义，就是不被世俗的名利所遮蔽，就是要让生命充满爱。

（2017 年 4 月 8 日清明诗会致辞）

69

生命美丽的传递

记得著名斫琴家谢建东先生说:"最好的琴要用最好的木材来做,而最好的木材决定于它的生长环境。"这让我想起汉代枚乘《七发》对音乐之美的描写:有一种桐木"高百尺而无枝,中郁结之轮菌,根扶疏以分离。上有千仞之峰,下临百丈之溪。湍流溯波,又澹淡之。其根半死半生。冬则烈风飘霰、飞雪之所激也,夏则雷霆、霹雳之所感也。朝则鹂黄、鸲鸣鸣焉,暮则羁雌、迷鸟宿焉。独鹄晨号乎其上,鹍鸡哀鸣翔乎其下"。经历无数风雨霜雪,融汇许多生命的悲欢,终于碰到最好的斫琴师——琴挚,这位琴师"野茧之丝以为弦,孤子之钩以为隐,九寡之珥以为约",请最好的演奏家——师堂弹奏,最好的歌唱家——伯子牙演唱,这样的音乐"飞鸟闻之,翕翼而不能去;野兽闻之,垂耳而不能行;蚑、蟜、蝼、蚁闻之,拄喙而不能前",这定是天下最感人的音乐了。

我在想,好的木材是天地的造化,实也有许许多多的因缘际会。而好的木材要碰上最好的斫琴师才能有一床最好的琴,而好琴又必须碰上好的琴师才能奏出最美妙的音乐,而最美妙的音乐必须碰上知音才懂得它的价值。美好的生命的传递,其间有着多少生命情感的激荡。席慕蓉曾写道:"如何让你遇见我/在我最美丽的时刻/为这/我已在佛前求了五百年。"百年、千年,这是怎样的呼求呢?而美丽的生命一旦相遇又怎能不让人惊喜,让人珍惜呢?春秋时期伯牙为知音子期的逝去而扯断琴弦,把琴摔碎在墓碑上。

　　美丽的生命常常是在相互发现中被点亮的,而发现常是一个可遇不可求的生命的旅程。正如《一棵开花的树》所表达:"而你终于无视地走过/在你身后落了一地的/朋友啊　那不是花瓣/是我凋零的心。"美丽的生命若没人发现,必将在寂寞中暗淡、凋零,"木末芙蓉花,山中发红萼。涧户寂无人,纷纷开且落"(王维《辛夷坞》),美丽的生命呼唤着你我去发现。

　　我想,阅读演绎一首诗,也就是努力去发现那生命的美丽之处,并努力去传递那美丽的光辉。我期待今夜的诗会,通过你们的朗读,会使生命的美丽绽放在我们的眼前。那就让我们打开生命,走进今天的诗会,感受生命的跃动,一起走进发现美丽生命的旅程。

(2018 年 4 月 8 日清明诗会致辞)

从诗出发

又是木棉飘絮、凤凰花开，2018 年闽南诗歌节开幕了。在此，我代表闽南师范大学文学院对应邀前来参加此次诗歌节的著名诗人、诗歌评论家们表示热烈的欢迎和衷心的感谢！

自 2012 年举办漳州诗歌节以来，诗歌与文学院的发展有了更为密切的联系。一年一届的诗歌节，从诗与闽南文化、诗与茶、诗与书画、诗与琴、诗与戏剧到诗与艺文教育，我们不仅迎来郑愁予、萧萧、白灵、林焕彰、欧阳江河、梁小斌、杨炼、伊沙等著名诗人；王蒙、吉狄马加、张晓风、朵拉、杨少衡等著名作家；陈维德、李宪专、沈默等著名书画家；李阿利、蔡烈伟、罗文玲等著名茶人；杨青、乔珊、李凤云、谢东笑、张俊波、陈雯等著名琴家；还有著名作曲家王立平、著名交响乐指挥家郑小瑛等，由此拓展举办清明诗会、端午诗会、中秋诗会和元旦诗会等传统节日诗会。从诗出发，福建省作家协会、漳州市作家协会与我院携手合作，共建福建省大学生文学基地；从诗出发，厦门大学中文系、福建师范大学文学院、华侨大学文学院、嘉庚学院文学与新闻传播学院、泉州师范学院文学院、韩山师范学院文学院、台湾明道大学人文学院、台南大学文学与社会学院等闽粤台部分文学院携手合作建立合作联盟；从诗出发，"龙人古琴""茶之序海峡两岸茶文化发展有限公司"走进文学院，开设"龙人古琴课堂""海峡两岸茶文化课堂"；从诗出发，学院成立既明文学社、芝山剧社、唐音吟诵社、泠音琴社、墨韵书画协会、云水茶艺协会等专业社团;从诗出发,文学院推开了人文世界一扇又一扇的大门,"志于道,据于德,依于仁,游于艺""深心托琴韵,逸兴传素笺",文学院渐有了不同于其他学院、其他学校的不同的气象,不同的精神氛围。

任何教育都是人的教育,围绕人来展开,大学教育也不例外。然而正如北京大学胡军教授所说:"急剧膨胀分化、迅速传播延伸的实用性知识体系和弥漫笼罩于整个社会的极具功利性的技术文化,这两者紧紧纠缠在一起编织成了一张无所不包的世俗之网,将我们的高等教育包围得水泄不通,遮蔽了人的真实存在,使我们看不到存在于世俗之网背后的鲜活的人生,也使我们根本看不到高等教育或大学的真正使命。或者换句话说,大学的使命被极大地扭曲了。在有些人眼中,大学的使命就在于传播知识、教授技艺以使学生毕业后在社会中有机会谋求职业维持生存。"该如何回到大学的初心,如何找到大学的灵魂,或许,诗歌,以诗歌为中心的艺文教育,是当今大学教育必须打开的一扇大门,是回到人的教育的必要的起点。孔子说,"诗可以兴,可以观,可以群,可以怨""兴于诗,立于礼,成于乐",诗歌能激发我们的情感和想象,能拓展我们对世界的认知,能引领我们朝着未知的世界飞翔,会让我们对生命的体验更深刻,感受更丰富细腻。很显然,诗歌对一个人,一所大学,一个社会在精神方面的健全与发展是不可或缺的。

荀子说:"君子之学也,以美其身。"人的教育最主要的目标是个体的完善和幸福。在对自我的完美塑造中,中国古代拥有悠久的诗教传统,在学科专业走向融合的时代,艺文结合的传统是很值得研究和探讨并传承的教育方式。诚祝诗歌节圆满成功!

(2018 年 5 月 30 日闽南诗歌节开幕式致辞)

知行合一,以趣相交

2018 年的第一天,我们以古老而高雅的弦歌相邀,借此表达我们对过去那美好的人生际遇的珍惜,并寄寓我们对明天共同建构有志有情有义、有诗有琴有茶的美好幸福生活的期许。此刻,我们相聚一起,我的心,和大家的心一样,似升起一颗又一颗的新星,闪烁在浩瀚而深邃的夜空。

我们有幸走进了一个新时代,而新的时代是需要大家共同创造的。近年来,文学院进行了许多的努力和改革,期望大家热爱传统文化,努力让个体的生命植根于民族的文化土壤中,从中汲取营养,凝聚力量。为了推动传统文化的学习,我们加强了表达能力的培养,从语言文字的表达,到古琴音乐、书法、绘画等传统艺术的表达,以写带读,由艺臻道。我们期望能为莘莘学子参与创造这个新的时代做好最充分的准备。

首先是掌握内化于心、外化于行的学习方式。大学生的主要任务当然是学习,而学习其实是发现自己,完善自我的过程。这个过程是从感性到理性,从实践到理论再回到实践。我们的教育曾在历史上有一个时期过度强调生产劳动实践,而很长一段时间以来,在强调知识的学习中,又忽视生命对感性世界的认知。实践当然不只是生产劳动,而离开鲜活的感性世界,离开我们的身体,知性常常外在于我们的生命,所获得的知识、所具有的理性往往缺乏生命的温度。感知万物,体察自然,琴诗书画茶的生活提供了知行合一的感知世界的方式,经典的学习、技艺的研习、生命感觉世界的丰富在此融为一体。孔子说:"兴于诗,立于礼,成于乐。"教育家、思想家告诉我们生命的成长从感发开始,贯穿于日行中,最后上升为超越具象的心灵的优美、自由与和谐。

其次是构筑以文会友、以趣相投的交往世界。如果说不同的气候决定了大自然不同的面貌,你交往的人基本决定了你的人文的景观。所谓"近朱者赤,近墨者黑"。我们喜欢诗,热爱文学,欧阳江河、梁小斌、郑愁予、萧萧、白灵、林焕彰、张晓风、王蒙、吉狄马加、朵拉、杨少衡、青禾、叶子、于燕青、何也、陈子铭、杨西北、安琪等数十位诗人、作家先后来到这里;我们喜欢古琴,著名企业家谢建东在此开设"龙人古琴课堂",海内外著名琴家杨青、谢东笑、张俊波今夜和我们在一起,陈雯、乔珊、李凤云等十多位著名琴家和我们有了交集,并因古琴我们结识了著名作曲家王立平、著名交响乐指挥家郑小瑛等;我们热爱书画,著名书画家陈维德、李宪专、沈默、张克锋、黄坤生等来此交流;我们喜欢品茶,著名茶人李阿利、罗文玲、蔡烈伟、黄亚平等与我们常在一起,黄亚平总经理在文学院开设"海峡两岸茶文化课堂"。许多优秀的校友纷纷回来参与这个过程,如上海木文化产业经理谢小斌,还有厦门三蝌蚪创意公司、厦门添行健公司等。不少国外著名学者也来到这里,体验中国传统文化的美丽。生命中这样的交集,让我们在喧嚣的俗世中构筑了一个让生命宁静致远的情趣化的世界,也让我们有能力远离俗鄙,远离低级趣味。正由于此,文学院有了不同于其他学院、其他学校不同的气象,不同的精神氛围。

刘勰在《文心雕龙》中说:"岁月飘忽,性灵不居,腾声飞实,制作而已。"人的生命的高贵不在于你拥有多少物质的财富,而是你有丰富的心灵世界,你能通过符号创造一个丰富的世界。"苟日新,又日新,日日新",文学艺术和生命紧相呼吸,最能见出生命高贵品质,最具有创造性,走进文学艺术的世界,吸取中华优秀传统文化和人类的优秀文化,与新时代的创造结合在一起,我们就能创造自己,创造属于自己的新的时代。

　　再次感谢参与文学院"筑梦之旅——文行远方"活动的所有人,感谢在座各位对文学院事业的关心和支持,祝大家新的一年幸福快乐,收获满满!也祝晚会能给大家打开新一年幸福生活的大门!

（2018 年 1 月 1 日元旦诗会致辞）

我们的清明诗会

四月七日，南湖湖畔听琴馆，清明诗会。

这是一场在春天里的学习汇报展示，中文学子们青春的生命在天光云影、鸟鸣花香中，融知识和智慧，在古代与现代，在诗和琴歌茶曲中穿行。

《岁时百问》云："万物生长此时，皆清洁而明净。故谓之清明。"所谓清明，是每年此时，天气渐暖，雨水渐多，空气清润而万物昭明。

然不止于此。清明节是最重要的祭祀节日，祭祖、扫墓，我们追思逝去的生命，怀念亲人，怀念先烈，让生命融入历史的长河中。在时间的河流里，我们懂得了敬畏生命，珍惜生命，而放下尘俗的计较、名利的诱惑，开始寻找生命内在的价值。慎终追远，生命在怀思中渐渐变得清澈，明丽而高远。

清明节，又是踏青节，春光明媚，草长莺飞，百花盛开。置身于自然万物的生长中，我们感知到生命的神奇和圣洁，感觉到生命的喜悦和美好。"池塘生春草，园柳变鸣禽"，在自然蓬勃生长的节律中，我们不断挣脱层层的束缚，生命渐渐变得轻盈，洁净而优美。

走进历史，走近自然，在历史和自然中发现真、善、美，学着在社会中传播真、善、美。中文学子们在清明诗会呈现出的纯净、美好和丰富,那向上、向高、向远、向美的追求,很好地诠释了清明节的内涵,也让我们可以预计那不久的将来,花之绚烂,果之芬芳。

为中文学子们骄傲,为中文学子们祝福!

（2019 年 4 月 7 日清明诗会致辞）

疫情下我们如何成长

学期已半,往常这个时候,同学们开始想回家。而今年,由于突如其来的新冠疫情,一直停留在家的你们,一定会想回到学校吧?生命中我们一定常遭遇到各种各样的"围城",而在"围城"中,最重要的是,我们能克服困难,从不适中走出,获得生命发展的动力。能不断丰富、拓展自己,多一份学习的本领和解决问题的能力。个人在"围城"中如何不断进步呢?

一是学会在特殊遭遇中进行思考,提高我们认识世界、把握世界的能力。

首先,生命至上。要会辩证地看问题,学会抓主要矛盾。这次疫情中,同学们都在关注,不管是什么方式,我们听到了很多,看到了很多,也经历了不少。我们是否真正心里明白了许多呢?

看过这样一篇文章,题目叫"太阳熄灭之日",讨论如果有办法加速太阳的老化,太阳终于变成一个又寒冷又荒芜的大球体,对地球是好还是坏呢?分析起来其实有不少的好处,太阳的巨大耀斑曾袭击地球,使电线产生巨大的电流,切断了电,从而带来巨大的损失,若太阳改变耀斑威胁减小;当一颗通信卫星经过太阳前方时,太阳会淹没卫星发出的无线电信号,导致服务暂时中断,若太阳熄灭,卫星服务会改善;若太阳改变时区不再存在,贸易花费会减少;若太阳改变则可以直接在冰面上铺沥青,桥梁不需要架设在水面上空,基础花费减少;因六个月以下的婴儿必须避免阳光直射,若太阳改变,儿童更加安全;天文观察增强等等;但不好的是:我们会被冻死。

世界上的很多事情,好和不好都是相对的。你该怎样对待呢?疫情发生以来,网络上有很多不同的声音,面对这些,我们的情感和思维可能也会受到影响。但你一定要从中明白,在这样特殊的遭际中,最重要的是什么?最主要的矛盾是什么?

在遭遇这样一场"战疫"中,我们国家定位非常明确,那就是保护人民的核心利益:生命和健康。因而在1月23日起采取了严格的管控措施,自武汉封城后,各省、自治区、直辖市迅速启动重大突发公共卫生事件一级响应,及时构建联防联控、群防群控体系,打造严防死守的天罗地网,形成全面动员、全面部署、全面加强的防控局面。党中央统一指挥、统一部署、统一调度。仅用10天时间建成的火神山、雷神山两大医院,成为中国速度的代表;18个方舱医院迅速完工并交付使用,开创了36个小时改造一座医院的先河;全国累计调动346支医疗队、42 000名医护人员驰援湖北,所有医疗队从接到指令到组建完成平均不超过2小时,从成员集结到抵达武汉平均不超过24小时。14亿人民响应号令,自觉"宅"在家中,为切断病毒传播筑牢坚实防线。历时两个多月的疫情防控阻击战取得了阶段性的胜利,进入了"外防输入、内防反弹"的新阶段。

联防联控,会影响经济的发展,给人们的学习、生活、工作带来不方便;在实施过程中也有这样那样的管理和机制的问题,但党中央非常明确,依靠人民的力量,凝聚成一个声音,聚焦核心:控制疫情,挽救生命。在关键时刻,抓住主要矛盾,集中力量来解决。其实,在得和失、好和不好之间,我们需要智慧和胆略去抉择。在困境中,面对种种困难,或工作方式上的疏漏,我们需要知轻重缓急,不分心,明确各阶段的主要任务,分阶段一一去解决。

这次"战疫",虽然经济受到影响,但我们收获了自信,对我们国家、对我们的制度、对我们的人民的自信;懂得了责任和担当,疫情面前没有旁观者,每一级组织、每一个单位、每一个社区都遵循党中央的战略部署,各司其职地全力投入战"疫",每一个人都自觉遵守联防联控要求,懂得这是对自己的生命负责,对他人和社会应有的担当。这次"战疫",处处都是战场,人人都是战士。菜农连夜采摘蔬菜,捐赠湖北疫区;小学生用压岁钱买来口罩,捐赠给医护人员和民警;电力、煤矿等部门坚守岗位,全力保障供应;社区工作人员、志愿者扎根街头,维持封闭管理秩序;海外华人高价包机,向国内寄送防护物资……这样的例子不胜枚举,都是主人翁精神的生动体现。懂得更加尊重科学,懂得严谨求真、务实创新。面对这次的病毒,科研人员执着探索,昼夜攻关,开发并改进检测试剂,加紧研制疫苗,依托中西医结合团队持续探索诊疗方案;钟南山、李兰娟、张伯礼等医学专家的影响力、号召力,唤起我们对科学创新精神的无比崇敬;许多年轻人懂得了要追怎样的"星",要以怎样的人作为偶像。更加懂得了生态文明的建设的紧迫和重要,懂得人类应学会敬畏自然,建立人与自然界的和谐关系。3月2日习近平总书记在北京考察新冠肺炎防控科研攻关工作时,一方面强调,人类同疾病较量最有力的武器就是科学技术,人类战胜大灾大疫离不开科学发展和技术创新。要把新冠肺炎防控科研攻关作为一项重大而紧迫任务;另一方面强调要坚持开展爱国卫生运动,从人居环境改善、饮食习惯、社会心理健康、公共卫生设施等多个方面开展工作,特别是要坚决杜绝食用野生动物的陋习,提倡文明健康、绿色环保的生活方式。2020年3月13日,全国人大常委会审议通过关于全面禁止非法野生动物交易、革除滥食野生动物陋习、切实保障人民群众生命健康安全的决定。启动修改野生动物保护法;政府、媒体等每天都在提醒"戴口罩、勤洗手、不聚会",提倡垃圾分类、倡导分餐制;懂得了在社会管理中,治理体系和治理能力提高的重要性,在"战疫"中推动各方面制度的完善,提高执行力,进一步推进国家治理体系与治理能力的现代化建设。

其次,谣言止于智者,止于信心,止于奋斗。学会整体地看问题,也就是要有综合的视野,发展的眼光。限于某一时一地看问题,往往容易陷入情绪的漩涡,很难理性。记得武汉封城初期,疫情较为严峻,网络上不时传出不理解甚至抱怨、责骂。在自媒体时代,各种各样的声音,人很容易被一句话、一条消息点燃,一定要学会理性思考,不要盲听盲从。有些声音局限于某时某地,而一叶障目。

这次疫情,给了我们每一个人切身的感受。目前疫情在世界蔓延,尤其欧美,更为严重。截至 23 日上午 12 时,海外共有 212 个国家(地区)存在确诊病例,全球共有 260 多万病例,死亡超过 18 万人,其中美国确诊 84 万例,死亡 4 万多人。疫情变得非常严峻。在这个过程中,各个国家采取的措施、态度、节奏是不一样的,思考的角度也不完全一样。从整个世界疫情情况比较来看武汉、看我们的措施和处理的能力,我们会有一个更客观的认识。

对冠状病毒的了解,往往有一个过程。这种病毒与 2003 年的"非典"不一样,它的传染性和方式都需要时间去了解。而这些都依赖科学的研究,然后进行判断,做出决策。在早期,因案例少,它的很多特点并未充分显现出来,故给科学决策造成一定的困难。回头来看,我们国家在面对疫情采取的措施是非常及时和有效的,"中国经验"也得到国际社会的认可。

或者说,当面对一种新的情况,新的问题,在处理的时候,不要过于求全责备,应首先关注的是怎样面对和解决新的问题。有些情况是在过程中、在更大的时空来看会变得更清晰,我们会更明白过程中存在的问题是怎样的性质,该怎样完善。

最后,"没有人是一座孤岛",学会整体地看问题,学会联系地思考问题。

这次疫情，我们每个人都感受到了，一个人的安全和社会的安全、一国安全与国际安全联系得那样紧密。17世纪英国诗人约翰·多恩说："没有人是一座孤岛。"这场疫情，无人能独善其身，置身其外。我国在全力抗击本国疫情的同时，积极参与国际合作，已经向80多个国家和世界卫生组织、非盟等提供援助，并向美国、德国等国家分享中国的诊疗方案，向意大利、伊朗、伊拉克等多国派遣医疗专家组……中国对全球抗疫的坚定支持，既展现了大国责任和大国担当，更是对人类命运共同体理念的最好实践。

我"思"，意味着思考往往从自我出发，从一己之痛痒感受出发。我们如何把自己的"思"通向他人呢？思维的路径，至少有两个方面：一方面是真、善、美的分享，所谓"老吾老以及人之老，幼吾幼以及人之幼"；另一方面就是对不好的东西的限制，"己所不欲，勿施于人"。这样就能由己及人，关心这个世界，关心他人之痛痒，并且学会面对这些，个人可以为他人做些什么。如此你的"思"就能摆脱个人一己之局限。

学会辩证地看问题，你会懂得放下；学会整体地看问题，你就不会片面；学会联系地看问题，你就懂得协作。

人类常在灾难中前行。面对这次重大疫情，我们国家首先是调集医疗队伍，挽救生命。我们加强科学研究，找到最有效的治疗药物。在这方面，我们在药物研发、疫苗的开发等方面，取得了不少成绩。同时，加强治理，探索最有效的防控联控办法，控制并战胜病毒。以此为契机，推进治理体系和治理能力建设。由此取得科学的突破和制度的进步。此外，我们还要学会反省自身，找到产生病毒的土壤进行有效改良，敬畏自然，尊重自然，规范我们的日常行为，从而减少病毒的产生或减少病毒对人的侵袭。由此推动人文的进步，让生活更加有序和谐，生活方式更加优美。

近年来，我们国家在推进生活方式的改变，有几点大家可以关

注：比如严禁猎杀野生动物，改变菜市场生杀，聚餐时的分餐制、公筷制。卫生习惯的养成，如患流行感冒等戴口罩。

科学的发展和人文的进步是社会发展的两翼，片面的发展任何一方都无法飞高飞远。科学的发展当然能极大促进经济的繁荣，科技是第一生产力；但人文的落后也会使这种发展化为乌有，或倒退多年甚至更长时间。

二是学会在不同情境中学习。

西方文艺复兴时期不少文学作品的创作和瘟疫有关。薄伽丘《十日谈》，讲述的是意大利十位青年因瘟疫离开佛罗伦萨，他们在隔离的日子，每人每天讲一个故事，十天就有了一百个故事，成就了这部小说。1592—1594 年伦敦爆发大规模的黑死病，这次瘟疫导致每 12 位居民就有一位丧生。莎士比亚的许多邻居、朋友和观众在瘟疫中死去。因瘟疫剧院关闭，莎士比亚失去生活来源，为了找到赞助人，莎士比亚拿起笔，创作出《维纳斯和阿多尼斯》这首长诗，引起当时上层社会的赞誉。他的不少戏剧作品也都和那时的瘟疫有关。你们在这几个月中，成就了什么呢？

这次疫情，同学们其实也获得了一次离开校园怎样学习的实验机会。我们知道，我们毕业后要走上工作岗位，离开校园，我们会学习吗？

首先，守本固本。学会自主学习，让读书写作成为常态。

有些同学反映说，家里的环境更加生活态，学习的方式、习惯都受到极大的挑战。在家里上课，没有老师和同学在身边，少了不少的限制和约束，上课时，你能否集中注意力，是否进入学习状态，主要在你个人的自觉。若能养成自主学习的习惯，那么，以后参加工作，回到家里，你依然会保持学习的状态，这样，你就能够不断超越自我。

其次，融合发展。学会网络化学习，让点滴知识互联互通。

记得我在 3 月 1 日给选修了我的课程的同学说：

在家学习的日子，请合理安排时间，并学会"隔空对话"，与老师同学在线上交流学习心得。读书，交流，心便有源头活水，这是身心健康最有效的方式。

我们生活在一个知识信息爆炸的时代，要学会收集信息，学会对信息进行辨析、选择，学会对经选择后有用的信息进行编排。线上学习期间努力培养知识积累、知识结构的能力，构建有效的学习方式。

有人说，互联网时代信息获取的成本越来越低，但获取知识的成本越来越高，对学习能力的要求也越来越高。信息来源渠道的多元化造成知识的离散化、碎片化，需要学习者能够在碎片化的观点和概念中发现连接，识别范式和创建意义。如何"在碎片化的观点和概念中发现连接，识别范式和创建意义"呢？我上面所说的"进行编排""知识结构"、发现连接当然很重要。

还有"空中对话"。由于同学和老师不在身边，从学习来说建立交流的机制特别重要。有人说，学习的过程不仅是个体知识的自我建构，也是与他人交互的社会性建构。学习者可以通过与别人交互，修正和扩充对知识的理解。不同主体间观点碰撞所产生的矛盾，具有推动学习创新的力量。在线学习要建立学习共同体，可以是班级范围内的各类协作学习小组、学习伙伴、教师等，也可以是超越班级限制的全网络范围的学习社区等。

有人说，智能时代人才的核心能力应该是思维力、想象力和创新力。教育要从重视知识继承向重视知识创新转变，要重在培养学生完善的人格和善良、合作、同情心等良好品质，使其富有学识、智慧和能力，使其能为自己的生活和社会承担责任。现在基础教育也提出，要培养核心素养，即在真实情境中，学生解决具体复杂的问题所表现出来的必备品格和关键能力。疫情、网络，改变着这个世界。网络为世界提供了不同的政治经济运行模式,不同的社会人际交往方式,不同的教育教学方式。疫情常态化,迫使人们对人与自然、人与社会、人与自我的关系进行新的思考。面对世界变局,我们要有使命感和紧迫感,在学习中探寻应对的方法,增强自己应对的能力,在时代命题的思考中成就自我。

　　(2020 年 4 月 27 日,通过腾讯会议平台,在云端为文学院学子做学习辅导报告)

人之有文，行而能远

刘勰《文心雕龙·原道》云："夫以无识之物，郁然有彩；有心之器，其无文欤！"作为文学院的学子，更要成为一个有文采的人，有创造力的人，一个真正的文化人、文明人。

怎样培养文学院学子们的文采呢？这里首先要清楚文采的基本含义。文，据《说文解字》中"错画也"的解释，是一种丰富性的象征。在我看来，文采首先是内在的丰富，所谓"精理为文，秀气成采"（刘勰《文心雕龙》），文采不是外在符号，而是由内而外地呈现，没有内在的丰富性，就泛不起文采。其次是表达独特，有能把内在呈现出来的最好方式。故培养文采，培养学子们的感发能力和表达能力就至为关键。

文采作为内在的丰富，要有感发能力，感悟能力，这其中包括思想力、情感力、想象力等。凡事能得其理，不人云亦云，能感动于心，能由此及彼。以"我"为中心，又能照见万物。感发能力既与个人的学养阅历有关，也与教育的激发有关。这就要求教育者在传授知识时要与心灵的建构紧密结合起来，还原文字、文学的灵性，激发学生在知识的学习中了解外在世界、了解他人、了解社会，同时认识自己，照见自己的内在心灵世界，让莘莘学子在增长知识的同时不断丰富内在心灵世界。

文采作为外在的独特，要有表达能力，有那种把内在优美的情

愫、丰富的心灵世界呈现于外的能力。这其中包括符号应用能力、文体把握能力、模仿和创新能力。表达能力既与心灵的感发能力有密切关系,也与培养训练有关。这就要求教育者重视写作的技巧训练和技能培养;重视不同符号基本表现方式的培养;重视通过专业的技能训练和实践性创意来提高素质教育和知识教育。

丰富的感发能力和独特的表现能力互为表里,在教育实践中,要由表及里,因内符外,表里结合。以激发学生的人生感悟和文学体验为重点,将表现的技巧和技能培训与学生的人文关怀的精神、独立人格的意识和创造性的思维结合起来,让素质教育和知识教育贯穿于专业教育的实践之中,视教学过程为学生的"自主诗化"过程,生命成长的过程。

为了让学生从中学的标准化考试及由此形成的学习习惯中摆脱出来,激发潜能,拓展心灵空间,提高学生的专业技能,培养学生丰富的感发能力,培养学生养成读书思想和表现的习惯和能力,学会学习,学会成长,文学院在本科人才培养上将采取以下措施:

第一,把阅读鉴赏与创意写作结合起来。中国古代文学史、中国现代文学史、外国文学史课,改革为中国古代文学、中国现代文学、外国文学课,改变传统的以传授文学史知识为中心的模式,突出对经典作品的品鉴,尝试以对作品的深度阅读来拓展心灵空间,并把作品的品赏与模仿写作结合起来,以读促写,以写带读。开设"国学典籍导读"课程,加强"古代汉语"课程的改革,培养学生阅读古籍的兴趣和能力,启迪心智,开源养正。开设"文学阅读与创意写作"系列课程,把阅读与写作、模仿与创造结合起来,培养学生的阅读能力和表现能力,以阅读点亮心空,以写作创造世界。

第二,把学术研究与技能训练结合起来。设立"语文教育中心",把语文教育的研究与未来语文教师的素养技能培养结合起来;设立"林语堂创意写作中心",把林语堂的研究与地域文化的书写结合起来；设立"中华经典诵读和课本剧创研中心""文化创意中心""书法工作坊"等，把艺能的研究与艺术技能训练结合起来。以"中心"为平台，让学术型教师与技能型教师、校内教师与校外专家以及具有相关特长学生组成学习共同体，以研究指导训练，以实践来推动学术研究与人才培养、社会服务、文化传承紧密结合。

第三，把创设富于诗意的学习环境与开展丰富且具有人文内涵的课外活动结合起来。积极开展富有中文特色的文化创意活动，如"一书一世界"读书活动、开学演讲活动、综合艺能大赛、林语堂文学创作营、文学创作奖评选活动及校园戏剧创演活动等，用学生和专家的创意作品装饰学习生活环境，营造充满创造、处处有文采的氛围。

第四，把学生的成长与教师的成长结合起来。单向度的科研评价机制，使得教师的成长常常与学生的成长分离，教师的学术活动常成为纯粹个人的利益诉求。文学院实施本科生全程导师制，倡导学生根据专业方向兴趣选择导师，不同专业、不同年级同学与教师组成一个团队，鼓励教师根据自己的特长，应学生个性制定个人学生成长计划，倡导共同学习、共同研究、共同创造、共同分享、共同成长。

第五，把专业核心能力培养与个性化特长发展结合起来。文学院要求学生自觉完成不少于200篇作品的背诵，自觉完成一本创意写作作品集，自觉独立完成或参与完成一本优秀作品选集，自觉完成不少于30篇的读书报告和学术讲座随笔。在此过程中，不断强化专业技能的训练，同时实施拔尖人才培养计划和具有特长的学生个性化培养计划，因材施教、因物赋形。

我们生活在一个充满传奇、极富创造的时代；但又处处充满陷阱，让人陷入平庸。数字化时代让人享受着数不尽的便利，任何人都能享用数字化时代带来的知识的大餐，但多数人没有消化能力，无数的人在享受中失去生命的创造力。我们生活的环境，从家居到工作、公共场所，是越来越绚丽了，可是人的心灵却越来越粗鄙，越来越多的人只讲享受,失去美好心灵生成的人生的奋斗。目前,我们国家正在实施文化强国战略,文化产业的发展需要大量的具有文采的中文专业人才,我们当共同努力,在以学术和知识为主的教学基础上,拓展到创造性写作教学,更多地着力于文学院学子们欣赏美、创造美的能力的培养,着力于为文化创意、影视制作、出版发行、广告、演艺娱乐、文化会展、数字内容和动漫等所有文化产业提供具有原创力的创造性写作从业人员。

时代呼唤创造,生命需要文采,人之有文,行而能远。

（2013 年 11 月 16 日文学院教学研讨会致辞）

学术著述与学术传播

今天我们在此召开"汤漳平、王朝华《〈老子〉译注》座谈会"。一是为了营建良好的关注学术的风气,我们力求倡导教师出书后通过召开新闻发布会,召开座谈会、专题研讨会、小论坛,开设讲座等形式,走出学术成果少有人关注,只有从事该研究的人关注的局面,激发师生关注学术,讲学术,爱学术的热情。二是为了不断提高学术水平,通过邀请著名专家分析、评论,拓展研究视域,推动学术的发展。三是面向学生和社会大众传播学术思想和文化。这两天,华东师范大学方勇教授为我院师生开设"历代《庄子》解读偏差"的讲座,中国社会科学院陆永品研究员作了题为"《老子》中的热点和难点"的演讲,是《老子》《庄子》文化、学术的一次集中传播。昨天下午,陆永品老师还在兰溪书院开设"老子的人生智慧"的讲座,面向漳州市中小学教师和市民。讲座后,陆老师还把他的专著送给兰溪书院,文学院也向听众赠送汤漳平、王朝华《〈老子〉译注》20 册,使文化的传播起到很好的效果。我们一直觉得知识分子除了著书立说,在高校上课开设讲座外,还有责任和义务走向社会,让文化服务于社会大众。

汤漳平、王朝华译注的《老子》是"中华经典名著全本全注全译丛书"中的一部,2014 年 7 月由中华书局出版。汤漳平老师是国内道家研究的知名专家,到我校执教后,一直关心年轻人的成长,组建楚辞研究、道家研究、出土文献研究及闽南文化研究团队,申报课题,带领年轻老师共同探讨和研究,取得明显成效。《〈老子〉译注》正是汤老师带领我院年轻老师王朝华共同完成的一个成果。

这一成果不同于一般的文化经典普及读本,它不仅吸纳了当今的学术研究成果,利用了新出土的文献,还有两位老师的不少学术新见。两位老师具有宽广的学术视域,许多地方能有所辨证,有所发明。语言凝练,浅而能深,要而不烦。出版以来,得到海内外不少知名专家和读者的好评,如香港道家研究专家刘笑敢、台湾道家研究专家陈鼓应等对该书高度称赞,网上也有许多好评,如:

　　题解＋原文＋注释＋白话翻译。前言、题解很有深度,注释很是详尽用心!欲其深者,可以得其深;欲其浅者,可以得其浅。

　　综合各家《老子》译注,非常有独特而深刻的见地。确实不错,很值得阅读和收藏。

我院历来重视学术探讨和交流,这次各位专家的莅临,就汤漳平、王朝华的《〈老子〉译注》开展讨论,必能推动我院学术的发展,必能推动漳州地区学术文化的兴盛,也期待各位专家以后能一直关心、支持和帮助文学院的发展。

(2015年5月18日"汤漳平、王朝华《〈老子〉注译》座谈会"上的讲话)

戏剧社团建设与人才培养

在大学的人才培养中,特色建设近年来成为关键词。特色于大学及大学学科建设、专业建设自然是非常重要的,它应是大学建设某方面成就的标志。特色的形成,既和大学的历史传统有关,也与学校办学的成效、影响,尤其是精神内涵有关。"十年树木,百年树人",大学育人特色很显然不是几年就可以形成的,它往往要经历十年,二十年,由一代又一代人的努力和坚守凝聚而成。

闽南师范大学文学院的戏剧社团不同于一般的大学社团,它由教师自觉地继承优秀历史文化传统并持续用生命浇灌而成,因而有了精神特质,有生命力,故可成为文学院乃至学校育人特色。回顾文学院开展经典诵读及戏剧活动三十多年的历史,有不少重要的品质和做法值得我们去总结,去探讨。

说起文学院开展经典诵读和戏剧活动,首先要提到邱煜焜老师。可以说,邱老师是文学院及闽南师范大学经典诵读和戏剧活动的设计师、组织者。1979 年,邱煜琨老师来到龙溪师专(现闽南师范大学)任教,担任中文系的写作课教学。1980 年,他又担任中国现当代文学作品选课"戏剧"单元的教学。邱老师积极探索课程的教学改革,尝试把课堂上的"讲戏"与学生舞台上的"演戏"紧密结合起来,由此拉开学校校园戏剧活动的帷幕。至今 30 多年,邱老师一直全身心地投入校园戏剧活动的开展中。可以说,闽南师范大学的戏剧活动史也

是邱老师的个体生命奋斗的历史,深深地打上了其个人的印记,闪耀着其个人人格的光辉。

学校戏剧活动的开展还与学校所在的地域历史文化有关。闽南师范大学坐落于福建漳州,这是一座有悠久戏剧传统的城市,传统戏剧有极富闽南地域色彩的芗剧、木偶戏。且话剧传入中国后,1919 年漳州就开始有话剧的活动。至 1933 年,李唤堆、林南洲、陈开曦、陈素兰等一批文艺青年组织了"虹桥戏剧文艺研究社"。不久,中共地下党组织派胡大机、蔡大燮等参加,把戏剧活动推向社会。在中共漳州工委会的领导和"左联"漳州干事会的支持下,1934 年 9 月 15 日,福建漳州成立"芗潮剧社",以进步戏剧和歌曲等艺术开展抗日救亡活动,起到积极作用。虽然剧社只存在四年半,但在抗日烽火中成长的芗潮剧社,在中国话剧史上留下光辉的一页。

一切历史都是人的历史,教育的主体也是人。漳州的戏剧活动史,尤其是芗潮剧社的光辉历史,是一笔优秀的文化资源。在课堂教学改革中,邱煜焜老师很快把目光投向闽南戏剧的历史。在纪念芗潮剧社成立五十周年之际,1984 年 5 月,邱煜焜老师发起创立大学生戏剧团体——芗涛剧社,自觉致力于传承"芗潮精神"。在建设中,他根据教育改革和校园文化建设的需要,充分发掘优秀的历史文化资源,着力为振兴中华而讴歌,为社会培育文化新人,展现出强大的精神力量。

忘记历史,就无法把握现在和未来。芗涛剧社成立以来,以邱煜焜老师为核心的团队自觉继承和弘扬中华优秀传统文化,一直坚持把"红色经典"及中国古代经典作为编演活动的重点。大学是育人之所,把优秀的中华文化融入学子们的生命血液中,以文化人,以文育人是大学的使命。30 多年来,在邱老师指导下的戏剧活动中,一方面把经典诵读结合起来,同时,自觉在历史文化名人纪念日、党的历史重大纪念日开展以诵读、戏剧为主的纪念活动。如在纪念抗日战争胜利五十、六十、七十周年,组织话剧专场晚会,缅怀革命先烈。杨骚是 20 世纪 30 年代"左翼"漳州籍作家,抗日战争时期,他参加作家战地访问团,被誉为"抗战诗星",在杨骚诞辰一百周年、一百一十周年等纪念日,文学院均举办杨骚诗歌、戏剧专场,重温作品的爱国主义情怀。2014 年,《雷雨》作品发表八十周年,配合教学,文学院推出两台风格各异的《雷雨》,一是曹禺的原著,一是万方的新《雷雨》,向话剧经典致敬。2015 年,为纪念司马迁诞辰二千一百六十周年,文学院把《廉颇蔺相如列传》《荆轲刺秦王》改编成课本剧进行演出……所有这些,都充分体现出自觉继承和弘扬中华优秀传统文化的精神追求。

以中文系芗涛剧社为创始的闽南师范大学戏剧活动,起于课堂教学改革,在 30 多年不间断的历史中,始终把课内与课外、系内与系外、学校与社会结合起来;把知识与能力、创作与研究、学习与服务结合起来;自觉把戏剧活动纳入人才的培养体系中,探索出学校复合型、应用型人才培养独特模式。

1980 年,邱煜焜老师在戏剧教学中开始戏剧活动,结合"中国现当代文学""戏剧鉴赏"等课程,开展教学汇报演出、校园戏剧周活动,力求把编、导、演、评结合起来,使理论与实践、文学与艺术、创作与评论有机结合起来,一直坚持到现在。而且,随着芗涛剧社的成立,"第一课堂"与"第二课堂"紧密地结合起来。由中文专业基础课到全校性选修课,戏剧活动的影响越来越大,历史系、外语系、教育系等纷纷成立相关戏剧社团,开展活动。这样,就形成很好的经典诵读和戏剧编演的校园文化氛围。

不只如此,学校在 1996 年就开始了师范生教师职业技能竞赛和非师专业职业技能竞赛,经典诵读及戏剧纳入比赛项目,由此,经典诵读及戏剧不仅是课程的要求,也不是简单的社团活动,还是从大学生综合素养、职业能力的基本要求加以引导,参与的人数大大拓展。

在这一发展过程中,作为负责人的邱煜焜老师,带领其他老师不断引导学生把编演活动与剧评写作结合起来,校内演出和校外服务结合起来。作为师范大学,从 1988 年开始编演课本剧,到 2012 年开展"唐宋诗词课本剧系列工程",把高中《语文》课本中李白、李贺、李商隐、苏轼、李清照、陆游、姜夔的作品及初中《语文》课本中的《木兰诗》《苏武传》等改编为课本剧。课本剧也成为校内演出与校外服务相结合的最好的形式。据统计,仅 2012—2016 年,文学院先后赴漳州、泉州两地 12 所中学演出,观众累计达25 000人。

　　值得关注的是,作为高校,任何教学活动的学术性都很重要。学校的戏剧活动,一直把有关经典诵读与戏剧编演活动同相关学术交流与研究结合起来。在开展戏剧活动中,积极开展相关研究,培养学生研究的意识,提高培养的质量。如 1984 年为纪念芗潮剧社成立五十周年,在漳州市举办"芗潮剧社学术讨论会暨回顾剧目展演",紧密结合编演活动与学术研究;20 世纪 80 年代,课本剧崛起,在积极进行课本剧实践的同时开展研究,1990 年学校派员参加在北戴河召开的全国课本剧研讨会,参与成立全国课本剧研究部,当时的中文系成为团体会员;2005 年 12 月,举办校园戏剧节活动,同时承办"福建省校园戏剧论坛";随着课本剧创演的展开,2013 年 10 月 19 日,学校主办了中华经典诵读与课本剧研讨会;2015 年,文学院举办纪念林语堂诞辰一百二十周年国际学术研讨会,同时,编演了根据林语堂同名自传体小说《赖柏英》改编而成的戏剧。不难看出,学院的戏剧活动一直坚持学术本位。

　　由课堂教学改革到社团的成立,由"第一课堂""第二课堂"到"第三课堂",芗涛剧社从系级社团走向校级社团,文学院一直是主力军,打造出有师范特色和闽南特色的校园戏剧品牌。据统计,从 1984 年9 月到 2014 年 8 月,累计参加 270 次演出,其中校内 192 次、校外 78次,上演剧目 261 个。在这一过程中,获得很多荣誉,《火刑》分别获得 1991 年福建省华兴杯学校课本剧调演编剧奖、演出二等奖,1994年全国课本剧选评赛业余组一等奖;2005 年,经共青团中央、教育部、全国学联评选,芗涛剧社获"全国高校优秀学生社团"荣誉称号。同年,我校与厦门大学被省戏剧家协会确定为福建省首批"校园戏剧示范基地";2008年,以芗涛剧社的戏剧实践为内容的项目"传承芗潮精神,芗水涛声依旧"荣获全国高校校园文化建设优秀成果二等奖,受到教育部思政司的表彰。2011年我院主创主演的课本剧《南唐遗韵》获得福建省第十一届"水仙花"戏剧比赛优秀剧目奖、表演一等奖、编剧二等奖等多种奖项;"中华经典诵读和课本剧实践基地"获批省级教学实践基地。2015年,在第二届"戏文杯"全国校园剧本征集大赛中,文学院学生创作的剧本《月满西楼》《北海离鸿》获得创作奖。1991年至2015年,在省级和全国戏剧比赛中获得奖项100余项,其中金奖42项、银奖51个。更为重要的是,在这个舞台上成长起来一批优秀的教师,涌现出许多优秀的人才。

目前,文学院正在进行应用型人才培养模式的改革,积极探讨构建知识学习、专业能力培养(阅读、写作、研究)与人文素养(琴、诗、书、画、茶等)培养一体化,课堂的"学"与课外的"习","第一课堂"与"第二课堂"、社会实践一体化,学习、创作、研究、社会服务一体化,不同学科专业和资源(文学与艺术、文学与现代媒体等)融合的综合性应用型人才培养模式。这样的模式,建设专业特色社团,把它打造成综合性实践平台是一条有效的途径。特色社团纳入创新学分管理,由"双师型"教师具体负责,院内教师与校外艺术家共同构成师资,有联办单位和固定的实践基地,功能上兼学习、研究、培训、社会服务等。在这一过程中,中华经典诵读和课本剧活动既形成了一个传统,也是一笔丰厚的财产,值得我们珍惜,去总结,去发扬光大。

(2013年10月19日在"中华经典诵读及课本剧研讨会"上的发言,作为2016年10月福建教育出版社出版的《课本剧与中华经典诵读的理论与实践》序言)

性灵出万象,风骨超常伦

　　今天我们在此举办林继中先生从教四十五年座谈会,作为文学院院长,作为林先生的学生,我为我们学校,为文学院能有这样一位海内外知名学者,这样一位名师感到庆幸和骄傲,也为我自己能有这样一位导师而自豪。

　　林继中先生之于我校及文学院的发展贡献至伟。大家知道,从1958年龙溪师范学校设立中文大专班创业开始,至1966年福建省第二师范学院停止招生,1969年解散,中文系有一个好的开头,却由于历史原因中断了。1977年恢复高考,我校重新从龙溪师范大专班、龙溪师范专科学校开始,重选校址,筚路蓝缕。1986年,林继中先生来到学校,不久担任漳州师范学院中文系主任,后又担任漳州师范学院副院长、院长。在他的带领下,漳州师范学院和中文系开始走出漳州,走向全国。

　　林先生始终认为,学术研究是大学的灵魂和核心,应把学术研究作为个人和学校立足之本。他率先垂范,虽担任行政工作,却以坚强的毅力、蓬勃的学术热情,抓住繁忙的行政事务后的点点滴滴时间,辛勤耕耘,在十余年时间里,在各种期刊和大学学报发表学术论文百余篇,撰写并出版《文化建构文学史纲(中唐—北宋)》《杜诗赵次公先后解辑校》《诗国观潮》《文学史新视野》《唐诗:日丽中天》《栖息在诗意中》等专著,多次获得省社科优秀成果奖,很快奠定了他在学术界的地位。同时，为了营造学术氛围，开阔师生学术视野，他邀请全国知名学者前来交流讲学，王朝闻、徐中玉、胡明、陈伯海、童庆炳、龚克昌等纷纷来到这座小城市。他定期策划全国乃至国际学术研讨会，漳州师范学院这一边远的地方院校也能时常眺望到远方的风景。可以说，海内外很多知名学者都是因为知道林先生才知道漳州，知道漳州师范学院，学校的影响力大大提高。

清华大学原校长梅贻琦曾说："凡一校精神所在，不仅仅在建筑设备方面之增加，而实在教授之得人。"林先生高瞻远瞩、心胸开阔，非常重视教授队伍建设，他面向学界，先从兰州大学引进文艺理论专家许奕谋教授、西方文论专家刘庆璋教授；接着又陆续引进唐宋诗文研究专家王春庭教授、明清小说研究专家胡金望教授、全国楚辞研究专家汤漳平研究员、音韵学研究专家周祖庠教授、全国老舍研究专家张桂兴教授。中文系人才之盛前所未有，学术研究与交流也空前活跃，学科的发展有了坚实的基础。同时林先生狠抓教师培养，或把教师送到名师身边进修，或联系、推荐攻读名校博士学位，或亲自培养助教、博士研究生，一批教师迅速成长了起来。

林先生不仅是著名的学者，而且是懂得大学之道的教育家。他以教师队伍建设为核心，开展学科建设和专业建设。面对学校地处偏僻、基础薄弱的现实，林先生高瞻远瞩，确立了闽南地域文化研究和文化诗学方法论研究作为重点方向，早在20世纪90年代初就组建了闽南文化研究所和文化诗学研究所，亲自率领文化诗学研究团队，亲自指导闽南文化研究团队。近二十年来，他坚持不懈地开展学术研究活动，闽南地域文化研究和文化诗学方法论研究也成为我校人文学科最具影响力的学科研究方向。在专业建设方面，林先生以他深厚的传统文化学养，洞察到中文人才的培养"志于道""游于艺"的重要性。他很早就把闽南知名作家青禾从漳州汽车运输公司调到中文系任教，以引导和培养学生写作的兴趣；把青年书法家李木教从县城调到中文系任教,后又把书法家沈舜乾调入中文系任教,引导学生对艺术的爱好。除我校中文专业得到强大的学科支撑外,也形成重写作等基本能力培养,重人文素养熏陶的传统。

学术铸造教师的品质和灵魂,学术成就名师。林先生不管担任中学教师还是大学教师,不管是教中学生、大学生还是研究生,最重视思维和方法,最重视智慧的开启。林先生现已是桃李满天下,很多学生因林先生的教诲而了然生存的价值,有了发展的方向,取得了人生的成功。林先生学术视野开阔,学养深厚,在生活中处处用心,故能化万象为灵府,心越来越明澈。"性灵出万象,风骨超常伦",林先生是一位心灵世界非常丰富的人,故能不断还原和构建文本丰富的世界,引导学生渐渐走向丰富的世界。

林先生热爱教育,育人成为生命中最大的快乐。学无止境,教无止境。在教学中,林先生不满足于书本,不满足于自己,知识传播的过程也是创造知识的过程;从他的教学中,我们体会到认真、探索、创造性地对待生命该有的态度。林先生是我们的一面镜子,他对世界、对人类命运的关注,对教育的忧虑,对知识、对真理的求索,对工作的务实创新,对人的真善美追求的坚守,催我们反省和自新。

林继中先生常把一切严肃的话题付诸笑谈中,在笑谈的背后,不只闪烁着他人生的睿智,实也有他对理想、对事业不舍的追求。"高山仰止,景行行止,虽不能至,心向往之",今年正值林先生七十华诞,在此我谨代表文学院师生向林先生献上最美好的祝愿,祝先生健康长寿,永葆学术青春。

(2014 年 11 月 15 日在"林继中先生从教四十五年座谈会"上的讲话)

浮光掠影中感受城市气息

　　读陈子铭散文集《生活在故乡》,让我想起一个词——浮光掠影。这个词本来是说一晃而过,印象不深,但这本书却改变了这个词的固有含义。作者认为,他所说的城市,是"浮在时光中的",是"很适合做精神浮游的"。作者很喜欢卡尔维尔的话:"城市不会泄露她的过去,只会把过去写在街角、窗格子里、楼梯扶手上、避雷针的天线和旗杆上,像纹理在掌心绵行。"或者说,淹没在繁华街道、高楼大厦中的街角,刻花的窗棂,房屋一个哥特式的尖顶,老榕树、大厝、寺庙,都是光阴的投影,按照作者的话来说,是"时光的作品,照亮城市的记忆"。在这些光阴投影物中掠过,就如阳光穿行在树的枝叶间,细碎闪烁,一切会变得迷离而美丽。浮光掠影,也就是在城市光影中穿行,去照见这个城市的过去和现在,从而感受这个城市特有的气息,呈现这个城市生命的本色。

　　我们生活在一个信息化、图像化的时代,现代的城市是流动的光影全息图,故乡与他乡、居者与游者、古代与现代、物质与精神、沉迷于眺望不断的交汇与切换,城市碎片化、光影化,我们跟着光影浮动,即起即灭,不留痕迹。在无数碎片的光影中,一方面人其实很容易失去光影的感受能力,失去城市的特有感觉和独特的记忆;另一方面只要能发现时光的投影,你就打开了一座城市的门或窗。

　　生命因为有记忆才变得丰富和多彩,没有记忆,现在和未来一定是苍白一片。生命的意义一定程度上在于我们的心灵能在过去、现在和未来不断的交汇穿行。城市的生命也是如此。生命的"在",是你的生命在时光之流中,隔断了过去,你无法认识世界,无法认识自己,生命其实无法"在场"。"生活在故乡"的"在"当作如是观。或者说,光阴在城市重重叠叠的投影,是城市的生命,用作者的话来说,"在今天的城市,一些不曾被记忆遗忘的角落、苍老的榕、古朴的坊、那些祭祀陈元光的庙宇刻意渲染的红,仿佛成了这个城市生命的颜色"。而能照亮城市的记忆,是感知城市生命的重要方式,也是生命在场(城市亦故乡)的见证。

生命是在时空中存在,但本质而言,更是时间的存在。在无数新建的高楼大厦中,城市把历史的长度无限缩小,时间被空间的世界主宰着。而作为空间呈现的城市,失去时间维度,也就失去历史文化内涵。由此,故乡就不仅是出生的地方,还是有时光投影的地方。

陈子铭的散文集《生活在故乡》,以非常轻盈的笔触把漳州古城带入现代,那被空间淹没了的时间,点点滴滴,被勾连起来。

泰戈尔说"小鸟在天空飞过,天空没留下痕迹",但大地却留下投影。那重重叠叠的时光的投影,弥漫着这城市特有的生命气息。作者细数着光阴的投影,呼吸着城市特有的气息,感受着城市特有的滋味。城市由此有了生命。

生命的存在离不开空间,但本质上更是时间的存在。当然生命存在的时间是流动不息的,生命之流不会停留在过去。"我们当然无须背负太多的历史,对陈年旧事如数家珍,钟爱直到腐烂……我们看到了许多东西,便需要讲一讲过去的事情,一边讲,一边收拾心情,如过了雨的鸟,不知落在哪个枝头,低头梳理羽毛时,眼睛仍然望着远方。所以,我们不会因为对这个城市的触摸而错失过客的心情、放慢行进的脚步。"呈现这些历史、这些记忆时,作者是浮光掠影式的,不停留、不深究。当我们想深陷在这记忆中,或想进行更多的了解,或求情事的完整,或欲停下来咀嚼其中滋味时,作者已跳出记忆,来到了现实和未来。或许这是一种遗憾,但这又是生活的本真。

"城市是有记忆的,记忆让精神充盈",陈子铭是历史嗅觉很敏锐的人,他"从流荡在城市上空的风,去分辨哪些是上古的,哪些是今天的"。城市的生命与个体生命的在场紧密结合在一起,建构了一种独特的叙述方式,"完成从记忆之城到未来之城的跨越",由此走进这个城市的内在。

(2017 年 1 月 21 日在陈子铭散文集《生活在故乡》研讨会上的讲话)

诗学与诗艺在海峡两岸发光

——述台湾诗人萧萧在漳州的诗教活动

2017年5月13日,为了表彰台湾诗人萧萧在闽南师范大学乃至福建省诗歌教育中所做出的贡献,在"2017闽南诗歌节"上,闽南师范大学为萧萧老师颁发了特殊贡献奖,颁奖词写道:

> 心向天地开放,故山在,水在,日月自常在;人与纯真往来,故物美,人美,天地有大美。从彰化到漳州,身在何处,诗就在何处。从闽南诗歌节到台湾文学研习营,从阅读书写教学到闽粤台文学文化活动联盟,为促进两岸文化教育交流辛勤奔走。以文传道,以诗传心。春风化雨,润物无声。

萧萧是著名诗人,更是杰出的诗歌活动家,诗歌教育家,最卓越的现代诗歌的传播者。

2012年萧萧率团来到闽南师范大学,联合举办第一届"闽南诗歌节",结合诗教与专业教育,结合诗歌活动与地方文学文化建设,把创作与研究相结合的理念带到漳州。从2014年开始,每年一届的"闽南诗歌节"搭建起两岸诗人、学者和艺术家深度交流的舞台,参与人数每届都有上千人;在台湾举办文学创作研习营,开启闽南师范大学学子的台湾艺文研习之旅,两届活动参与师生近百人;2014年年底,共同策划闽粤台部分文学院院长协作会议,推动两岸高校文学教育合作联盟。他还在闽南师范大学讲授通识教育课程和系列阅读写作课程,到漳州市的一些小区,到福建一些大学、中学、企业,开展诗歌演讲和诗歌活动,以热情、智慧、趣味传播诗歌艺术,让青年学子在快乐的传习中领悟文学的真谛,生命的无限的生机。

一

萧萧首先是一位诗人,他永葆着诗心,人生岁月化为一首又一首优美的诗篇,《举目》《缘无缘》《云边书》《皈依风皈依松》《凝神》《我是西瓜爸爸》《后更年期的白色忧伤》《草叶随意书》《情无限·诗无邪》《云水依依:萧萧茶诗集》《月白风清》《松下听涛》《天风落款的地方》等几十部诗集就是见证。萧萧无疑是诗坛上最勤奋的耕耘者,也是永远的探索者,他的诗广泛吸取古今中外文学创作营养,不断探讨并拓展了现代诗歌的表现力。

现代诗的创作常常是远离时代生活的个人化书写,萧萧却更愿意在人们的生活中发掘诗意,带着人们去感知生命的神奇和兴味。他走到哪里,诗就在哪里绽放,把生命的芬芳留在天地之间。

2012 年 5 月,萧萧第一次来到漳州,他不仅带来诗集,而且有感于漳州南靖美丽的山水人文,写下《老榕与老牛——云水谣所见》《南靖云水谣》《金骏眉》《随阿利老师云水谣品茶》等诗作。如果说南靖在本世纪初因电影《云水谣》而呈现闽台割不断的情缘,呈现生命故事中的不舍和优美,那么,六年后萧萧来到这里寻祖,以自己的亲身经历演绎闽台缘的故事,并以一组茶诗呈现这里所具有的天地无言之大美和生命中深深的依恋。正如他在《南靖云水谣》中所说:

风无意说法
从高处的云端飘近水湄

又飘向远方

远方无心说法

任云从山谷间聚拢

又散飞到天际

天无能说法

千万年来只让一个谧字

吸引大地

大地无处说法

却容许绿色大声喧闹

绿无法说法

只让茶米心的香气在云水间

摇

　　生命的散散聚聚，化为无声的语言，在天地之间氤氲着。这组诗很快在闽南师范大学及漳州的一些小区传播开来，成为朗诵会的保留作品。

　　此后，萧萧每年都会来漳州，每一次来都有创作，而且与人们分享。如2014年至2015年曾多次来到龙人古琴村，先后写下《古琴村的老樟树》《约定》《在第七弦的弦音中相见——听锦冰弹奏古琴》《报石树与素心人》《龙人古琴村的云》《润心式——古琴八式之一》《通神式——古琴八式之二》《融真式——古琴八式之三》《留醇式——古琴八式之四》《涵天式——古琴八式之五》《探玄式——古琴八式之六》《人安式——古琴八式之七》《回凡式——古琴八式之八》等诗，这些诗，让我们走进一个别样的世界，听到那别样世界天地万物的谧语，下面来看他的《龙人古琴村的云》：

龙人古琴村的云将心事，泼墨一般

一股脑儿丢给了山

山稳稳实实坐成一幅大千墨宝

在远远的天边

看云轻悠

笑着

我依傍一弯溪流

水带着她的粗弦细弦

曲曲弯弯绕过明朝的老樟树

就在左后方

一头想象的老牛

看云轻悠

反刍着

正如萧萧在《为草叶芃芃而书》中所说:"诗中有时我化身为草叶,与草叶同声息,共呼吸,模拟着生命的相知相惜;有时又以草叶为对话的你,说着说不完的旖旎,仿佛多少次轮回下的生命伴侣;有时我跳脱出草叶的叶脉之外,静静凝视,静静谛听,那是步入晚境的贤哲常见的身影,水花荡波,火花映空,似乎碰撞到形象思维的某一处敏感神经,却又翻入另一个新境,无影无形又无踪。"诗人是大地之子,面对天地万物,萧萧总是能自如地向天地万物开放,在天地万物中穿行。"写天地之辉光,晓生民之耳目",诗作很快在古琴村的村民中传播,随着古琴村的琴音飘向山外的世界。

然而萧萧的成就远不止于此。他不只为喜欢诗歌的读者不断提供好的诗歌作品,而且还努力拓展开去,在诗歌日渐边缘化的时代,他却开展了许多创意活动,不断拓展诗歌传播的边界,把诗展示在大地上,融入社会文化生活中;力求让更多的人懂得诗歌,喜欢诗歌,走进诗歌的世界,并由此有能力更好地把握此在,更好地享受生活,创造与分享生命的美好。

以诗作发声,影响他人、影响社会、影响未来,这是一种传统的诗人价值模式。然而在现代社会的繁华与喧嚣中,在城市光影的笼罩中,诗人的声音很容易被淹没。萧萧有很强的文化使命感和历史责任感,他除了自己辛勤创作,还积极探索诗歌走向社会,走向大众的途径,让诗歌真正活在当下人们的生活中。

网络时代,纸质文本依然是诗歌传播最重要的方式。在创作之余,萧萧同时主编了大量的诗选——《中学白话诗选》《中国当代新诗大展》《七十二年诗选》《感人的诗》《七十八年诗选》《新诗三百首》《八十五年诗选》《中学生现代诗手册》《八十九年诗选》《新诗读本》《台湾诗选》《台湾生态诗》《天下诗选全集》《新诗三百首百年新编》等。诗文选本,曾在中国文化史上做出过巨大贡献,然而却常为现代学者所淡忘。萧萧承继着中国古代文化传播的优良传统,用心用力编辑了许多诗文选本,这不仅体现编选者独到的审美眼光和艺术追求,而且贯穿着对诗歌的热爱,对诗歌提高生命质量的思考,无疑为现代诗的传播,尤其是台湾现代诗的传播起到了重要作用。

选本是培养诗歌读者有效的手段。当然,有好的文本,还要有懂得欣赏的读者。为此,萧萧在现代诗的阐释上倾注了许多心力,力求使现代诗歌有更多的人理解。他一直致力于推广现代诗鉴赏的工作,主编了《现代诗入门》《现代诗纵横观》《青少年诗话》《现代诗廊庑》《现代名诗品赏集》《现代诗导读》等。他坚持为台湾著名诗人召开专题研讨会,出版了《诗魔的蜕变——洛夫诗作评论集》《诗儒的创造——痖弦诗作评论集》《诗痴的刻痕——张默诗作评论集》《永远的青鸟——蓉子诗作评论集》《雪中取火且铸火为雪——周梦蝶新诗论评集》《生命意象的霍霍涌动——张默新诗评论集》《错误的惊喜——郑愁予诗学论集 1》《无常的觉知——郑愁予诗学论集 2》《愁予的传奇——郑愁予诗学论集 3》《衣钵的传递——郑愁予诗学论集 4》《草原的回声——席慕蓉诗学论集》等,指导人们深入地理解名家诗作。

值得关注的是,在主编诗歌鉴赏评论类的图书时,萧萧不只让诗人参与其中,而且让诗歌评论家、诗歌爱好者、教育工作者参与其中,在他的身边,不仅聚集着诗人,还聚集着越来越多的诗歌爱好者。萧萧还非常重视文学艺术的体验,重视诗歌阅读的转化,带领大家进行书写。他撰写了《现代诗创作演练》《新诗体操十四招》《萧萧教你写诗、为你解诗》等,力求指导更多人参与诗歌的写作,让更多的人努力拓展生命的诗性空间。

在推助诗歌的品读时,萧萧非常重视建构诗歌理论,增强人们对现代诗的把握能力。他的专著《现代诗学》《土地哲学与彰化诗学》《现代新诗美学》《后现代新诗美学》《台湾新诗美学》《空间新诗学》《物质新诗学》《心灵新诗学》等,结合台湾现代诗歌的探索提出审视现代诗歌的独特的路径和方式。

所有这些无疑对台湾诗歌的发展和传播有极大的贡献,这已为台湾学人和诗界所公认。这份影响又不限于台湾,萧萧的诗作、诗歌选本、诗歌理论也传到大陆,萧萧也有意识地组织团队把书捐赠给学校、企业,为大陆提供了了解台湾现代诗最好的文本,也为现代诗歌教育和生命教育提供了一条有效路径。

二

2011 年,明道大学罗文玲教授受邀到漳州师范学院(2013 年更名为闽南师范大学)讲学,其间介绍了明道大学的办学理念,特别介绍了浊水溪诗歌节,得到参与师生的赞许。在讨论中,都期望两校之间有更进一步的文化教育合作,建议把诗歌节引入漳州。这一愿望得到时为台湾明道大学人文学院院长萧萧的赞同和支持。萧萧和罗文玲精心策划,并认为以文化、文学、诗歌、网络紧密连接空间上的漳州与台湾,连结时间上的古典与现代,是今日华语语境下,两岸文化人责无旁贷的使命,把"2012 漳州诗歌节"活动的目标设置为:

第一,透过现场文化交流方式,结合海峡两岸诗人及评论家,加强两岸高校文化交流的情谊,提高人文教育素养。

第二,通过专题学术研讨会的论文发表与会议讨论,深化诗歌教学。

第三,借诗歌朗诵与茶道演示,让学生与居民能将诗情画意融入生命,将美学带入生活。

第四,以"诗画展"方式,深入校园,带动大、中学校老师与学生,透过视觉的图像搭配诗歌的欣赏,启发学生热爱生命,尊重自然。更能让学生认识近百年来汉语诗歌发展的历史,全面掌握现当代诗歌名家的代表作。

这是萧萧联合大陆高校在大陆举办的首次诗歌节。是两岸高校学者、两地诗人诗评家围绕"网络新世纪"之新的趋势进行的第一次对话。此次活动因不同于一般的笔会、朗诵会、诗会而备受关注。首先,这是一次跨海峡两岸的诗学、诗艺交流。此次诗歌节萧萧和罗文玲精心组织了三十多名海峡两岸诗人、诗评家聚集漳州,开展诗歌创作、诗歌朗诵、诗歌研讨、诗歌演讲等诗歌系列活动。其次,这还是一次跨领域的诗歌交流活动,人文学者、诗人、诗评家聚集一起共同欣赏诗歌,探讨诗艺;茶人和诗人、作家、学者在一起演绎茶和文学的机缘。此外,这又是一次跨机构的诗歌交流活动,高校与高校、高校与中小学、高校与地方作协合作同时在多个单位开展诗歌交流活动。此次诗歌节在漳州高校开展了新诗作巡回展,选取了六十多首新诗,以"诗画展"方式深入漳州地区大学、中学校园,与广大师生亲密接触。在大学、中小学开展诗歌演讲,在县区开展笔会。这次诗歌节别开生面的综合性的诗学诗艺交流活动深受师生及地方文人的欢迎,也由此拉开海峡两岸高校共办诗歌节,共同开展诗歌教育的帷幕。

2014 年开始,一年一届的闽南诗歌节延续了跨海域、跨领域的诗学诗艺交流主张。海峡两岸共同主办,主题集中在诗歌和艺术的结合,形式包括诗歌研讨会、朗诵会、主题演讲、笔会、艺文展演等。2014 年 4 月,萧萧主持策划了以"诗、茶与闽南文化"为主题的"2014闽南诗歌节",由闽南师范大学、明道大学、厦门大学联合主办,内容包括"茶的哲思皱褶——静思茶道精神与内涵""凭虚御风——诗的美学盛宴""妙趣横生——闽南文化与说唱艺术""闽南文化论坛""萧萧茶诗朗诵会"。"2015 闽南诗歌节"由闽南师范大学、明道大学、福建省作家协会联合主办,以"诗与书画"为主题,活动内容包括"龙吟凤鸣——名家经典诗歌朗诵会""生活美学论坛——诗书画与传统文化""诗歌与气韵的对话""书法与气度的对话"等主题演讲、朗诵会及书画创作展览,以呈现中华传统文化相互融合的艺术魅力。2016 年、2017 年,诗歌节分别以"诗与琴""诗与戏剧"为主题,呈现和探讨诗歌与琴乐、戏剧的联姻。

每年一届的闽南诗歌节已成为闽南师范大学最具影响力的文学活动,也是漳州文学艺术界广受关注的文化活动,受到媒体的关注和报道,以"2015 闽南诗歌节"为例,就有国台办、福建省教育厅等六家官方媒体,环球网、新浪网等十八家网络媒体,中央人民广播电台、福建日报、台湾民众日报、澳门日报等八家报纸、杂志、广播电台,萧然校园文学网、黄埔军校同学会网等三十多家中小学校、社会团体及地方教育网站的广泛报道和关注。

三

21 世纪以来,诗歌的阅读,尤其是现代诗歌的阅读者变得越来越少,基础教育中对现代诗歌的教学也越来越弱化。萧萧在诗歌教学上同样投入极大的热情。2012年5月首次来漳州后,萧萧得到闽南师范大学的高度赞许,每年都来为学生授课。如2013年12月,萧萧和罗文玲承担了以"生命美学的阅读,生命情操的书写"为主题的阅读与写作课程,把文本的阅读和生命的感发、创新性书写结合起来,切实而有效地指导同学们在阅读中提升生命的境界,提高表达的能力。学生不仅阅读到一篇篇优秀的作品,而且也让生命受到洗礼,生命情感的表达有了门径。

除了课程,萧萧还利用每一次来大陆的机会,到中小学进行演讲。如"2015闽南诗歌节"期间,萧萧老师以"奇诗欣赏与创作"为主题,为漳州一中的学子带来一场别开生面的演讲,从"大胆的设计、简单的符码、任性的串联、逆向的思考、图像的模拟、映衬的效果、奇特的意象"等七个方面对如何进行奇诗创作进行详细讲解。他以一字诗《清明》为例说明,"创意"是诗歌创造力的重要条件,以《温室效应》一诗阐释了中国美学的重要原则——对称原则。萧萧的幽默与风趣让漳州一中全场400多位师生,笑声不断,原本只有两小时的演讲,因为漳州一中师生的热烈回应,延长到三小时才结束。萧萧在大陆中小学的文学演讲,为漳州中小学提供了与诗人面对面的机会,近距离感受诗歌魅力,借此让中小学生领略诗歌与生活的美,激发创作热情,为诗歌教育播下美好的种子。

此外,萧萧还策划了闽南文化营和文学创作营活动,闽南文化营是组织台湾学生、研究生到闽南进行研习,重新认识闽南文化。而文学创作营是闽南师范大学师生到台湾进行为期十天的文学研习。这些活动,促进了两岸高校师生的联系,拓展了中华文学文化的体认,推进了文学与文化的教育。

萧萧是诗歌的使者,他的诗集和主编的书进入大中小学和社区,更因他在大陆对诗文推展活动的大力助推,现代诗不断走入人们的学习生活中。2012年萧萧曾讲道:"台湾诗学季刊杂志社二十年来

"以'台湾''诗学'为主体,为基地,但不以'台湾''诗学'为拘限,不以'台湾''诗学'为满足。下一个二十年,全新的华文新视界,台湾诗学将会联合所有爱诗的朋友,贡献出跨领域、跨海域的诗学与诗艺,一起发光且发亮。"这是萧萧为杂志社所作的规划,也是他诗歌传播的目标追求,"诗的使者"萧萧正在一步步地实现着他的愿想。

(2018 年 6 月 1 日在闽南诗歌节"艺文教育论坛"上发言,发表于《国文天地》2018 年第 33 卷第 7 期)

诗乐教育与人文教育

　　文化与教育的主体是人,教育大体包括生活教育、知识教育和人文教育。目前,教育主要聚焦在知识教育,生活教育和人文教育则较弱。随着经济的快速发展,人文教育成了社会关注的焦点。确实,人文教育关系国家的稳定和强盛,关系个人幸福生活的建构。我们目前正在努力建构和谐社会,而社会的和谐来自人和天地自然的和谐、人与人之间的和谐、人与自我的和谐,这些都离不开人文教育。

　　在人文教育中,中国古代创造出礼乐和诗乐的形式,以建构人与自然、人与人、人与自我的和谐。在神主宰的时代,礼乐主要用于沟通天人,感性而又超越具象的音乐也是人通往神最好的方式。通过神,人规范着自己的行为,达成人和人、心和神的统一;随着人的理性能力的增长,神的作用有所下降。西周时,传说周公制礼作乐。礼乐主要用于社会的有序建构,在人的“礼”的等级规范中,音乐走入社会生活和日常生活,并让以政治为中心的社会生活和衣食住行等日常生活有了精神的意涵,在人与人关系的和谐建构中,通达人和自然、人和自我的和谐;而随着物质财富的增长,人的贪欲的膨胀,礼乐制度遭到破坏。春秋时期,孔子一方面强调礼乐,希望恢复由礼乐而建构的和谐。但孔子认识到“人而不仁,如礼何? 人而不仁,如乐何”,没有内在的美好德性的激发,礼乐很难发挥作用。故同时,孔子加强了诗乐的教育,弦歌不断。诗乐教育以人和自我的和谐建构为主,力求通过艺文结合，文、史、哲、艺贯通，加强人以道德伦理为核心的人文建构，并由此通达人与自然、人与社会的和谐。诗乐从此成为中国古代人文教育和中国文化的核心，至今我们仍以弦歌不辍来描述教育的薪火相传。

在中国古代，礼乐不管在宫廷还是在民间都不同程度地延续着，是教化的重要方式，故中国古代文明又称礼乐文明。诗作为文之统，琴作为乐之统，在古代士子中延续着，"能诗能琴，左琴右书"，是士子学习和生活的重要内容，是君子的标志，负责核心文化的建构。然而在现代社会，礼乐进一步被瓦解，诗和乐也基本分离。我们无法再以礼乐教育和诗乐教育为主引导人们实现人和自然、人和人、人和自我的和谐，现代人该用什么方式来实现社会的和谐呢？

礼乐的丧失，意味着音乐沟通天人，沟通人与人的功能随之减弱，音乐和衣食住行等日常生活的关系，与政教的关系也随之淡化。当人与人的交往基本脱离音乐，社会活动的人文感化性、衣食住行等日常生活的精神性该如何实现呢？

诗和乐分离，意味着音乐沟通身心的作用减弱，音乐更容易沦落为声色娱乐的工具，当代音乐突出感性世界的狂欢。这种感性，因缺乏诗的精神向度，无法细腻和丰富，容易引导人的感觉走向鄙俗。真正懂音乐的人少了，正所谓"五音令人耳聋"；而诗歌完全脱离音乐，诗歌的音乐性、优美的特质也随之减弱，现代诗成为语词的游戏，成为心灵自我的呓语。诗也渐渐脱离大众的日常生活。人的人文精神的世界又该如何建构呢？

人与自然、人与人、人与自我的和谐相互关联。礼乐建设更主要表现为国家工程，个体的努力成效有限，但依然值得努力；诗乐教育更主要表现为个体建构，故这一传统的恢复，或许对切实推进人文教育最为可行。

"古之学者为己，今之学者为人"，孔子当年的感叹至今还在延续,"为人之学"似乎愈演愈烈。近年来,闽南师范大学文学院开展了以琴和诗为核心,艺(琴书画茶)文(文史哲经典)结合的人文教育模式,在极端功利化的时代,我们希望学生懂得,学习其实是发现自己,完善自我的过程。孔子说"兴于诗,立于礼,成于乐",作为教育家、思想家的他告诉我们生命的成长是从感发开始的,贯穿于日行中,最后上升为超越具象的心灵的优美、自由与和谐。我们希望教育回归人的教育,中文教育能继承古代文人的传统,高等教育能为学生的发展提供更多的平台。文化和教育的核心是人,你无法隔断人和世俗功利化的联系,但读书人或教育工作者应该有责任和能力去引导培育一个心灵成长的世界。在艺文结合的教育中,激发生命的趣味和灵性,通过以诗会友,以琴会友,让生命在与有情怀、有情趣、有见识的人的交往中,有可能在喧嚣的俗世中,不觉构筑了一个让生命宁静致远的情趣化的世界,更有可能远离俗鄙、远离低级趣味。

祝贺中华孔子学会儒家乐教研究指导委员会的正式成立,预祝首届儒家乐教研讨会圆满成功!

(2018 年 11 月 24 日在全国首届儒家乐教研讨会上的讲话)

走在生活丛林中的人们

——谈青禾小说《花开满城：小城的二十四个故事》

　　青禾的小说《花开满城：小城的二十四个故事》，最近由中国华侨出版社出版，这是一部三卷本中篇小说集，写的是小城各类人的生活故事，带有浓郁的闽南地域色彩。然而，这小城的人和事，其实也生活在你的身边，是时代变幻中的你和你身边的人的故事。这些小说故事性极强，虽没有波澜壮阔的人生景观，却是一面普通人生活的镜子，酸甜苦辣具陈，很能吸引人一直读下去。而且，同时会让你咀嚼其中的生活况味，陷入对人，对人该是怎样的存在的思考中。

　　人是社会的人，也是个体的人。在中国古代，人作为社会性的一面，家和国是最主要的落脚点；而作为个体的一面，身和天地自然是最主要的皈依处。儒家思考比较多的是作为社会的人的存在，修身、齐家、治国、平天下，强调家国情怀，人我合一。讲礼讲仁：礼在人我社会关系中为外在的秩序；仁则为内在的关联，核心精神是忠恕。而道家思考比较多的是作为个体的人的存在，养生、尽年、回归自然，强调自然而然，天人合一，故讲养生，讲齐物。养生是对己身的态度；齐物则为对天地万物的态度，核心精神是逍遥游。作为社会的人，因指向治国平天下，或有仁爱，便有了超越的世界；而作为自然的人，因指向天地自然或珍爱个体身心的舒展，而有了高远的天空。由此二者都可获得生活的境界。而在青禾的小说中，不难发现，官员和知识分子,他们的生命世界,作为社会性的一面,很少谈论天下、国家之事;而作为个体的一面,他们也不会在山水自然中徜徉。而普通百姓,更多的是在欲望的生活法则中浮沉。

　　这本小说集中,有一些小说是写大学生活的。《博士们》写的是肖博士、吴博士、周博士、苏博士等一批博士想着要离开 A 州大学的故事。他们想离开的理由主要是个人待遇方面的追求,如肖博士,她的导师联系她去安大,条件是"一过去就让她上副教授,当硕导,一套一百平米的房子"。"她看到信有些心跳,不是因为一百平米的房子,她对物质享受历来看得很淡,她看中的是副教授和硕导"。生物学博士吴杰,要去海州园林局,一去就可当科长,而这,正如追他的叶楚楚所说:"硕士怎么样,博士又怎么样,不如一个科长,大学教授都不如一个科长。""是的,这也是他家人的观点,科长在县里就是局长,局长是什么? 是一套大房子,一辆小汽车,是一种在一局之内说了算的感觉。"苏晗博士想要去一所"211 工程"的重点工科大学当博导,那儿给 160 平方米的房子,年薪十万。陈栋梁到北京读博士,接着进入博士后流动站,不愿回到学校。白博士半夜里"一部大车,连人带行李带家私一起消失",白博士说:"人生在世,图个什么? 不就是图个活得舒坦吗? 一个男人不就是为了让老婆孩子过上好日子吗?"周博士想:"对于他来说,上博导就意味着上一个新台阶。这是事业有成的一个重要标志,是大学教授们梦寐以求的目标。"这些博士,包括教授,谈论最多的是职称、博导、硕导、房子、钱,正如人事处长所揭示的:"什么事业心啊,什么责任感啊,什么职业道德啊,什么感情留人啊,一切的一切在经济利益面前都显得那么苍白无力。"作为大学校园里的知识精英,其实和社会市民已没有任何区别,天下、民族、理想、责任、真理、正义、批判,已很少出现在他们的精神视域中。面对大学教育发展中的人才战,只是跟着世俗的法则走,没有精神的审视和坚守。

大学教师已丧失精神的超越目标。在另一篇小说《纳米博》中，纳米博士追求心跳的感觉，就如她自己所感受的那样：

> 她总是觉得自己站在一个岔路口，她总是在岔路口徘徊。是这里还是那里，是这样还是那样？她常常从这样的梦境中醒来：在黑色的旷野中，在沟壑四横乌云密布的山谷里，在阴暗的野兽乱窜的森林里，她独自行走。她这里走走，那里看看，她不知道自己要去哪儿，要往哪里走。她找不到出路。她呼喊，她哭泣，她在自己的呼喊和哭声中醒来。
>
> 她不时地心跳，她每天都做梦。无休止地奔跑，无休止地断裂，无休止地迷茫，无休止地黑暗。

没有眺望远方的窗口，在她的世界里，在单位，上课、科研只是一份工作；在家里，她是赚钱和性爱的工具。她的生命没有精神的光源，陷入在永远的迷惘和黑暗中。

青禾的小说告诉我们：其实，对于知识分子而言，没有国，没有天下的牵引，家和单位的一切便只是繁杂的事务；而没有天地镜像，人也只剩下饮食男女了。

其实在小说中，不管是官员，还是知识分子，和市井百姓都一样。在《野渡无人舟自横》中，A州地区原汽车运输公司党委书记陈明曾道白："他和别人没有什么不同，他很脆弱，很孤单，很无助，也很庸俗。他的欲望，他的思维方式和市井老人一样，没有什么特别之处。"他似乎曾有信念，但罗旭的落马，"顷刻之间，如大江决堤，信念化为语言的碎片，苍白无力，随波逐流，在洪水中漂荡，在肮脏的泡沫中沉浮。人世间已无正义与理想，美好与崇高。天下乌鸦一般黑"。《厅长》围绕着招聘考试展开的官场百态，是一场没有任何意义的游戏。《这事不怪我》中，围绕一学生的自杀事件展开的反映大学的师生们也没有诗和远方。

在这时代的变幻中,普通百姓自然身陷没有灵性引导的欲望丛林。《在劫难逃》写一个已退休的小科长捡到 20 万元钱,由此"变了",开始心不安,后来去"洗头",和家里的卫生工阿英睡在了一起,受到恐吓后把钱都捐了。由此,忙于生活,"只顾现在,只顾眼前,没时间眷恋过去,也没时间憧憬未来"(《姐妹仔群》)。在传统的文化语境中,政治秩序的建构是"肉食者谋之",而作为普通百姓,很少关心和参与国家事务,其作为社会的人,以礼的规范和仁义的心灵向度让生命获得精神世界的拓展;而作为个体的人,以生命自然欲望的节制让生活简单而自足。在青禾的小说作品中,普通百姓在时代变幻中也失去宁静自足的世界。

　　不难发现,小说中大多数人是在无可无不可之中行走,无可是因为生命中没有大目标,没有远的方向,没有精神的向度,也由此,"存在便是合理",凡事也无不可。

　　面对这样的状态,小说家心灵深处其实是有许多无奈的。小说中所流露的常识:世事变幻,世道变了,观念变了,人心变了,这处于无可无不可镜像中的一切,让人看不明白。小城人们的故事,喜中有悲凉,悲中有荒诞。青禾在《一个没想明白的故事:〈无影妈〉创作谈》中说:"我无法告诉人们是对还是错,因为我自己都没想明白,我只有面对现实,用小说的形式告诉人们。"很显然,面对时代变幻中陷入无可无不可的小城人们的生存境况,作者的内心非常复杂。小说集中的人物的复杂,似乎也表明面对时代的变化,作者青禾本人也难以做出评判。如《时代英雄》中的阿狗,他的"横"可表现为因保护喜欢的女孩而用砖头砸那冒犯者遭学校开除,用刀刺那冒犯者而入狱;表现为因朋友义气对冒犯朋友的偷情者予以惩罚被捕入狱;也可表现在遭遇公司小偷面前奋不顾身成为英雄。他似乎一直在坚守某些东西,但命运却不断沉浮。"人活着,到底为了什么?"有一次,他问在大学任教的"我"。"我"没有答案,生活也没提供答案。阿狗没读几年书,他的义气,他对美好事物的捍卫和坚守,却照亮不了生活前行的路。《春姑浪漫曲》中,傻子春姑简单的欲求和满足,成为生活最真的状态,常让爱着春姑哥哥的罗英羡慕;而为照顾妹妹春姑牺牲自己的杜春风,并未照亮自己的生活,人生是越来越逼窄。人生的意义究竟在哪里呢?

这种无奈,甚至失望,也分明表现在青禾小说中的诗人、作家中,如《姐妹仔群》中的陈远、《时代英雄》中的三妹,他们在生活中其实很模糊,和众生在精神世界上区别甚小。他们不是主角,面对这个现实的世界也难以发出异样的声音,他们也同样沦陷在没有精神牵引的生活丛林中。

在技术、物质、信息高度发展的今天,人的生活节奏越来越快,新东西层出不穷,人的精神世界反而越来越支离破碎。青禾的小说虽然写的是小城的人和事,但却有普遍性。

人是个体性与社会性、灵与肉的统一体,人有生物性、社会性和精神性,因而人有物质生活(经济生活)、社会生活(政治生活)和精神生活。这三者密切相关,经济活动是人类最基本的生活,决定着政治生活、精神生活的方式;政治生活也常左右着人们的经济生活和精神生活方式;人的精神生活植根于物质生活、社会生活,但反作用于物质生活和社会生活。社会生活若缺乏"天下兴亡,匹夫有责"的更高远的向度,单位和家便主要为经济利益交换的场所,很难获得超越性的精神追求,人的社会生活很可能被物质世界所牵制。作为个体的人的生命,若心无法走向天地万物,无法体会万物那份静谧深邃,个体生活很难超越欲望的法则,获得生命的灵性。

人的解放是身心的健康发展,除了要有健壮的体魄,人作为个体和社会的人还应获得精神性生长。在科技化、信息化主宰的时代,精神的世界变得无法聚焦凝练,只能淹没在急剧变化的光影中。路在哪里?人如何获得精神性的生长?青禾的小说未提供答案,生活似乎还未提供答案,然而小说描绘的走在现代生活丛林中的人的真实图像,让人们清醒地看见自己,并逼着人们去寻找。在被生活丛林裹挟泯灭思考的时代,只要能清醒、只要有思想,就会有希望,生命灵魂的拯救不就是走在思的路上?或许这也是青禾小说最大的价值。

（2017 年 6 月 6 日在福建省文联组织的青禾小说研讨会上的发言,发表于《福建文学》2017 年第 5 期）

治诗，亦需才、学、识兼茂

对于诗歌，知之不易，说之亦难。

周汝昌说："读诗说诗，要懂字音字义，要懂格律音节，要懂文化典故，要懂历史环境，更要懂中华民族的诗性、诗心、诗境、诗音。"说诗，尤其是阐释中国古典诗歌，既需要丰富的美感经验、很强的审美能力，而且还要有较深厚的古代文化素养和文字的表达能力。其实说诗最见人的功力与学识，它是综合素养的体现。

一

说诗要以生命的感觉、感发为基础。诗首先是生命感觉化的世界，"性灵出万象"，诗是诗人对世界的感知方式，诗的语言是感觉化的语言，对世界没有感觉的人，其实是进入不了诗歌世界的。要说诗，你最好也会写诗，中国古代说诗者，大多也写诗，就是这个道理。朝华君是一个很有诗性的人，平日也写诗，古体诗、现代诗都写，且时有得意之作。他对语言的感性保持着很好的感觉，故对他人的作品有"同情之理解"。其实这正是进入诗人生命世界的首要的通道。心有同感，故戚戚焉。如他在分析陶渊明的诗《和郭主簿》时说：

"蔼蔼堂前林，中夏贮清阴"，说堂前是茂盛的树林，中夏，那是夏天的中间,是最热的时候,可是因为有这一片树林,就能"贮清阴",就能把清凉贮存起来,把清爽、阴凉的气息留住。"贮"是一个很俗的字,但是用在这里却是最好的,把树林所带来的"清阴"之美,写得那么饱满,那么令人愉悦。上一句的"蔼蔼"两个字,形容树林的茂盛,也是很好的词语,除了写了树林的茂盛,还传达了一种富有生机的祥和的气息。所以写的是堂前的树木,却仿佛不自觉地就写出心中的喜悦,十分自然地流露出诗人对于田园生活的热爱。

说韦应物《调笑令·胡马》:

祁连山和焉支山,从读音来说,名字听起来都有一种悦耳动听的感觉。这种字词的读音,能给诗词语言的表达增加美感,是高明的诗人都会注意到的。如果"焉支山"改作"龙首山",效果就完全不同了。所以,古代诗文中写到美人,有称谢娘、卫娘的,都是美人的代称,不管这种代称出处是什么,都是跟这个姓的读音有关,"谢娘""卫娘"好听,绝不会有人称美人为"王娘"的,因为难听。

说《诗经·陈风·月出》:

牛运震《空山堂诗志》则说此诗:"极要眇流丽之体,妙在以拙峭出之,调促而流,句謺而圆,字生而艳,后人骚赋之祖。"我特别有兴趣的是,他说道"字生而艳",可谓别有会意,说得特别有感觉。这些生涩的词用来形容美人,它们所带来的新鲜感,能给人一种"艳"的感觉,更能显示美人的光艳,读来使人有"惊艳"之感。本来"鲜"和"艳"就是连在一起的,新鲜的事物,往往能给人"艳"的感觉,所以有"鲜艳"这个词。

体悟性的文字，在这本书中触目皆是，它带着你感知诗的语言所具有的魔性，感知文字的本真，察知生命的跃动。诗的语言不只是一种符号，更是诗人对世界的一种呼吸，饱含着生命的气息。朝华君对诗的文字的理解，和字典辞书没关系，却和生命的丰富而敏锐的感觉相连。正因这份对文字感性的觉知，他能走进诗人的心灵世界。

当然，诗歌也是对世界的感知方式。正如严羽《沧浪诗话·诗辩》中所云："夫诗有别材，非关书也；诗有别趣，非关理也。然非多读书，多穷理，则不能极致。"说诗，需要有诗的感发能力，或者说在诗歌的感觉世界中，内蕴着理。虽然诗歌本身常常不直接表现，但你若没有悟性，对诗歌的理解依然是在生命的表层。生命的感觉连接着思性，进入精神的视域。故说诗，要能感诗人之所感，且能发现这感觉隐藏着的生命意趣。说诗，既在诗歌的文字之中，又在诗的文字之外。如：

> 这世界上只有两种人，一种是高人，一种是低人。高人总是很少，陶渊明是高人中的高人。只有真正的高人，才懂得在最普通的日常生活中安顿自己的灵魂，才愿意在琴书相伴之中度过闲静的岁月，才会在平凡的事物身上看见世界的光辉。也许失去了树木，田园便失去了它的标志，失去了自然的庇荫。这使我想起孟子所说的故国乔木，想起"桑梓"这一个被用来指代家园的词语。而且，正是在树木身上最鲜明地体现了大自然四时的流转与光影的变幻。这些平常的树木，因此寄托了诗人对田园的热爱，以及他对自然丰富的感受。

这种感发，沉浸在诗中，也沉浸在诗人的生命世界里，是一种很高的诗性智慧。从感性出发，走向对生命的审视，咀嚼出生命的特有滋味。由此，说诗，也是理性的，能辨析出诗中微妙的感受，是感性和理性的结合。

孔子说"诗可以兴",也就是说,诗歌的世界,和读诗人的世界应该相互映照。读诗时,你的生命和诗歌的世界无法互联互通,诗歌的世界也就变成一般化的世界。读朝华君的诗歌评析文字,你会明白,读诗说诗其实应该是诗歌和鉴赏者相互发现、相互发明的过程。

二

诗人的创作,是现实时空和文化时空交合的产物。故说诗,一方面你必须对诗人所面对的现实时空的感发有深深的同情;另一方面,你要理解诗人,对诗人的作品能做出客观的权衡评判,又必须谙熟诗人生长的文化时空,包括诗歌发展的文学传统及历史文化传统,中国古代的学术也非常强调"辨章学术,考镜源流"。

我们在看一些诗歌的评析类文章,多停留在观察诗歌写了什么、用了什么手法等,似懂非懂,似是而非。对所写内容和表现手法的特殊性、价值无法做出评估或无力做出准确的判断。这样其实对这首诗还不是真"知",这样的文章,也就不会给读者带来任何收获。

朝华君出身于书香门第,饱读诗书,博学而多识,故说诗能深知其味,能找到其历史定位。如说曹植诗时,他品评道:

　　曹植诗中的景物描写,往往介于虚实之间,由于情感强烈的投注,他笔下的景物往往超脱于写实之外,如同印象派画家笔下的风景一样,呈现出强烈的主观色彩。中国古典诗歌里的这种表现艺术,发端于屈原,经由曹植、阮籍、柳宗元、李贺、李商隐以及晚年的杜甫等诗人的创造性的发挥,而焕发光彩。这种表现艺术,与一般所谓的"借景抒情"或"情景交融"的表现手法有本质的区别,往往在更深刻的层面上体现心灵与外物相互融合的本质关系。曹植诗歌的这一特点,在一定程度上,使他的诗歌艺术远离了作为建安诗歌母体的乐府，脱离了在他父亲以及"建安七子"手里得到发扬光大的汉乐府偏重写实的传统。曹植的诗铺采摛文，描写物色，往往介于赋与比兴之间，显示出高度意象化、象喻（象征）化的特征。

对曹植诗的景物描写的这种细致的辨析，从发端到历代诗人创造性发挥的勾勒，从一般的"借景抒情"或"情景交融"到高度意象化、象喻（象征）化的辨析，我们对曹植诗中的景物描写的独特性、创造性、地位和文学土壤便有了更为真切的了解。读诗，要知其味，你一定要懂得分辨，知晓其来龙去脉，知晓书写内容和书写方式发展的历史。要有整体感，要能在更大的时空把握对象世界，知晓和他人的同和不同，知晓对象所处的准确位置。

我们生活的世界，知识的碎片化带来知识的泡沫化。信息爆炸，知识获取途径的便捷，却并未使我们真正了解世界。相反，很多人，或人很多的时候，生活的世界是更"无明"了。缺乏知识谱系的建构，我们对这个世界的认知其实是蒙昧的。

很喜欢读这样的文字：

> 实际上柳宗元之后，还是有些人写过《杨白花歌》，宋人、元人、清人皆偶有所作，明人所作特多，除了前面提到的陆深、徐熥之外，著名诗人高启、袁凯、杨士奇、王世贞、胡应麟、陈子龙、柳如是等皆有所作。这些作品基本上也都是歌咏本事，而别无寓意，遣词命意或多或少都受到胡太后与柳宗元的影响。

> 以长短句为主的合乐的歌词，它的兴起虽然与当时新兴的音乐燕乐有关，但是燕乐并不像大多数人所认为的那样，是词体产生的关键因素，词的产生和兴起，与南朝乐府有更直接更根本

的关系。词体兴起之后,曾长期在民间流行,而后才引起文人写作的兴趣。文人词的写作,在中唐之前只有零星的尝试,到了中唐才有所增加,并在文体上表现得更加成熟,代表作家有张志和、韦应物、白居易、刘禹锡、王建等。对于这些作家来说,词的写作仍然只是一种尝试,所以各自流传的词作都很少。

语言朴素而明晰,在相关知识信息的勾连中,你心中便有了一个世界,你也就走进这个世界,你由此获得真知、真识。朝华君这种知识建构能力,或者说,对诗人创作的文化时空,包括诗歌发展的文学传统及历史文化传统的认识,并不是读一些文学史、文化史就可以实现的,而是长期读书穷理、融会贯通所致。

三

一般来说,阐释者的不同时空,也同样影响阐释的角度、方法、功能。我们常说,一时代有一时代的文学,阐释也如此。不同时代、不同的人,有不同的阐释角度。不过,就作品的阐释而言,理解会有对错,但更多的是表里之分,简单深入之别,是不同层次的理解。受知识背景、情感阅历、审美趣味和能力、文学风气和时代风尚等的影响,人们对文学作品的理解呈现巨大的差异。孟子说:"一乡之善士,斯友一乡之善士;一国之善士,斯友一国之善士;天下之善士,斯友天下之善士。以友天下之善士为未足,又尚论古之人。"人的追求和境界是不一样的,这也决定了你认知的范围、认知的广度和深度。审视中国古代诗话对诗歌的评鉴,不难发现这种差别处处皆是。

很显然,朝华君是不甘平庸者,他在书中指出:"凡是名物训诂方面的错误都是'硬伤';有一种是'软性'的,比如对文本主题思想的误读、对句意的曲解,包括所有空洞、肤浅、缺乏真实知见与切实感受的解读。一种肤浅的理解、一种空洞的理解往往是更严重的误读。"故他在诗歌的分析中，对现实与历史中以"诗无达诂""一千个读者就有一千个哈姆雷特"为原则进行解读而导致的诗歌鉴赏差异性，以此差异为遮蔽的许多庸常的阐释，至为不满，时有愤激之言。

这自有他对这个时代学术研究中存在的良莠不分，以外在的职称、学位、发表论文数量和杂志级别、人才称号为标尺的风气的痛恨。目前高校的管理中，依然存在漠视学术研究中最重要的内在学养、科学精神和人文精神的现象，多简单以级别文章对等奖金，以外在的科研业绩来选拔干部的现象。教师对学术研究的兴趣常不在对他人、对社会的贡献，而是被引导在金钱的多少和官位的大小的比照中。文学的本质应该是激发人们对真、善、美的追求，可我们这个时代却有太多以学术追逐名利的所谓"学者"。

当我们读到书中对一些学术名家在诗歌阐释中的"空洞的理解""肤浅的理解"也难宽容时，这其实更多的是对这个时代学术研究的一种无奈，一种呐喊。记得有一次，有学生问及他的信仰时，他回答"真、善、美"。学术求真，在求真中，让我们获得实事求是的精神。而人文学科，在求真中追求和传播善和美。朝华君的诗歌评析，努力阐发并传播着文学艺术中那份真、善、美。但他同时，感于这个时代有太多没有意义甚至有害的"误读"，故又花了不少精力去清理。

朱光潜先生在 1924 年曾发文说："现在一般研究文学的人都偏重散文尤其是小说。对于诗词很疏忽。这件事实可以证明一般人文学欣赏力很薄弱。现在如果要提高文学，必先提高文学欣赏力，要提高文学欣赏力，必先在诗词方面特别下功夫，把鉴赏无言之美的能力养得很敏捷。"（《无言之美》）这些话也好像是对当下来说的。在信息化、智能化高速发展的今天，人的审美追求变得更为需要。而这样一本很见功力的诗词鉴赏的著作，对人审美能力的提升必有帮助。

（王朝华《诗词文本细读举例》序二）

发现自我,成就自己

　　从 7 月 27 日至 8 月 2 日,台湾景美女中陈嘉英老师应邀就语文阅读和写作教学进行指导。四次讲座,一次示范课,两次座谈,陈嘉英老师给我们别样的语文教学风景,我们跟着陈老师在语文世界里旅游,发现了许多奇异的风景,我们欢呼着,惊异着,感叹着,思考着。陈老师激起了我们心中语文教育探索的热望,我们从中感受到了很多,也看到了语文教师个人发展和语文教学未来的一种希望。

　　陈嘉英老师的系列工坊活动,刷新了我们许多的认识。

　　第一,语文教学,不管是阅读还是写作,都是有方法的。陈老师强调当代社会网络发达,网络世界各说其话,但不是各说其是,这就要求有自学自发的能力,这种能力的培养必须有方法。这几天陈老师演绎了她的一套成功的方法。陈老师把阅读能力分为资讯力、理解力、决策力、写作力、创新力、品格力等方面,分成不同层级,以不同方式逐级培养,不同层级的培养又根据文本的不同、学生阅读能力的不同有所侧重,设置不同的问题加以引导。这是一种阶梯式综合性教学,也是一种建构式教学,阅读能力的培养变得有阶梯可上,有轨迹可寻,能综合提升。

　　我们是教师,必须有理性地把握教学过程、实现教学目标的能力,而这种能力主要表现为你有一套行之有效的评价方法。陈老师有很强的学术研究意识和素养，把语文教学的探讨、研究和语文教学实践紧密结合起来。

第二，语文教学方法的核心是应该围绕学生，以关注学生健康成长为主轴，引导学生学会阅读，学会思考，学会写作。陈老师在学生阅读能力和写作能力培养中，紧紧结合学生个体生命的成长，或者说，关注学生成长中的特点及遇到的问题展开阅读和写作的教学，能力的提高与生命的成长有机结合起来。

方法不能成为教条，这些方法都应该从每一个具体的生命出发。陈老师倡导差异化教学，研究、总结出一套科学方法，即去了解学生阅读、写作能力，根据这种能力的差异进行有效教学的方法，确保每个学生都能得到健康成长。她主张快乐教学，善于了解学生的心理和诉求，善于发现学生不足中的优点，循循善诱，由表入里，由外入内，不断激励学生求真、向善、乐美。

第三，方法其实是主体心灵的建构。教师首先要成为爱阅读、爱思考、爱写作的人，成为会阅读、会思考、会写作的人。这几天陈老师一再强调，教阅读，对文本一定要非常熟悉，这种熟悉是对文本内容与形式，文本产生的情境，文本的各种关系等烂熟于心，这样就能够非常有信心地面对所有的教育对象，方法才能行之有效，你的教学才能在文本与学生之间自由穿行。陈老师以她的教学实践传达出，要做到对文本非常熟悉，除了对文本本身反复阅读外，一定要以文本为中心扩大阅读范围，尽可能多地阅读文本作者的其他作品，阅读文本相关联的作品，从而让文本的每个字都能打开。

此外，教师要有"化外为内"的功夫。教学的境界其实主要来自教师人格的境界，作为教师要有精神的追求，要有生活的激情，要有开阔的胸襟，要有反省的能力，心可吞吐万物。"世事洞明皆学问，人情练达即文章"，陈老师在生活中处处用心，故能化万象为灵府，心越来越明澈。我们每个人都有一双眼睛,然而我们很多人却很少看见,或经常无视。就如走过同样一条街区,陈老师看见的东西是我们的几倍甚至几十倍。因为我们的视域是课文及与课文直接有关的东西,而她是对生活中的一切都有兴趣,都有好奇,都想了解,都做纪录。我们许多老师无意中关闭了太多的窗户,心灵中的光线自然不充足,很多东西照不见,或模糊不清。我们常说,世界不缺少美,但缺少发现,缺少发现美的眼睛,外在的发现和心灵的丰富性建构是同步的。

第四,教书育人,教育尤其是语文教育的最终目标应是引导学生发现自己,成就自己。陈老师主张语文教育生活化、人文化。她的课堂把课内与课外、文本与生命、生活与教学打通。学习知识,也是学会生活;学习文本,也是理解生命,领悟生命的意义。

人类的使命是认识世界,认识自己。然而,认识世界在很大程度上是要通过认识自己来实现的,因而教育更为核心的主题应是引导学生认识自己。语文教育的过程应该是看见自己,拓展自我,修正自我,完善自己的过程。海德格尔说:"语言是存在的家。"从他人的文章中照见自己,发现自我,在写作中调整自己,完善自我,实现自我。陈老师说"人的心是文学性的",这正彰显了语文教育和人的心灵建构之间的紧密联系,如何通过阅读、思考、写作让自己被看见,进而实现自己,让自己成形,这是语文教育的崇高使命。

第五,教育的理想的实现决定于教师的态度。每个教育工作者的处境也许不一样,但都可以选择在这种处境中可以做的事情。陈老师强调海峡两岸教学各有特长,面临的教育环境并不一样。但作为教师,不管处境如何都必须有自己的作为,因为我们从事的是培养人的工作。必须热爱教学,要有很强的文化使命感和社会责任感。

陈老师说,每一次的教学,即便面对同样的文本也会不一样,因为生命不能重复，重复意味着生命的枯萎。这是对自己生命的尊重，也是对他人生命的尊重。可我们许多老师已习惯于因某种环境的不可改变，而只是抱怨并过着日复一日、年复一年的教学生活，很少检讨自己是否对自己的生命负责，很少检讨自己这种对自己生命的不负责任亦是对他人生命的漠视。

目前，我们的语文教育依然还面临许多困境，陈嘉英老师的演讲让我们沉思，检视我们的语文教学，眺望语文教学的新路。我们期望陈老师演讲所点燃的点点星光不会转瞬即逝，而能恒久保持在我们的心空，照亮远方，照亮他人。

（2014 年 8 月 2 日漳州地区语文学科带头人培训会上的讲话）

开学养正,昭明有融

今天市团委在这里为"共青团书店"挂牌,签订合作协议,推动青年阅读,这在漳州的历史上虽是一件很小很小的事,然而却是城市别样的风景。在书店冷清萧条的季节,华侨出版社首先来到这里,联手推动漳州的文学创作;接着在漳州市作家协会设立"作家之家",在闽南师范大学文学院设立"艺文研习基地",在芗城区文化广电体育局设立文学创作基地。今天市团委也来到这里。众望书店的这些聚合,正在打造着城市的另一种精神景观。

生命的成长离不开阅读,有书的地方是最适合人精神成长的地方。

刘勰在《文心雕龙·宗经篇》中谈及读经典的必要性时说,读经可"开学养正,昭明有融"。人应该是有精神追求的,阅读让自己有精神生活的需求,让灵性的世界不会萎缩。所谓"有融",就是通过阅读,让你生命的世界融汇到书的世界中,融汇到人类知识智慧的江海中,这样就不会干涸。人的个体生命世界是有限的,读书,其实就是让个体生命这滴水融入小溪、江河、大海的过程,让你的生命生生不息。不阅读的人,生命是很容易被物质化的世界所主宰的,精神之光很容易熄灭。

记得鲁迅的《伤逝》写子君和涓生的爱情故事,有些细节很让人警醒。作品中叙述道,子君和涓生恋爱时一起谈伊孛生,谈泰戈尔,谈雪莱，并喊出"我是我自己的，他们谁也没有干涉我的权力"；可是结婚后，"可惜的是忙。管了家务便连谈天的工夫也没有，何况读书和散步"，"她所磨炼的思想和豁达无畏的言论，到底也还是一个空虚。而对于这空虚却并未自觉。她早已什么书也不看"，"子君的功业，仿佛就完全建立在这吃饭中。吃了筹钱，筹来吃饭，还要喂阿随，喂油鸡；她似乎将先前所知道的全都忘掉了"。子君变得颓唐、粗俗，无聊且不自觉，生命变得暗淡无光，也很快凋零。曾看过日本很有名的画家竹久梦二这样一幅漫画：画面是一位正在厨房做饭的主妇，下面有一段文字写着"两年过后，她凄然一笑：'别看我这样，过去也曾念诗来着。'"很显然，不阅读的人，生活便彻底沦陷在俗世法则中，生命不会有任何趣味。

通过阅读，你的生命和世界打通，变得通达透亮，丰富多彩。所谓"昭明"，也就是说阅读经典，可让生命世界打开一扇扇窗户，看见世界，照见自己。世界的丰富，其实主要是通过阅读来照见的。不读书的人，他们看见的世界很小很单调。在他们的视域中，天下到处是一样的，哪里没有山，没有水啊？哪里没有太阳，没有月亮呢？生活也无非饮食男女。而对于会阅读的人来说，世界很大且无限丰富，中国的月亮很特别，因为，在唐代，李白曾"举杯邀明月，对影成三人"；在宋代，苏轼曾把酒相问"明月几时有"？捧起一杯茶，你想起古今不少茶人茶事；走过一个城市，通过阅读，你感受到城市上空那风特有的气息。

不阅读的人，对自己其实也是蒙昧无知的，完全被世俗生活裹挟而去。人其实是很容易随着环境的变化而改变的。阅读，让你看到自己的真面目，不断提示你，让你警醒，让你走自己的路。因阅读照见世界的丰富，故你不会被生命一己的欲望主宰，生命表现出丰富的色彩。

阿Q大概是不看书的，故他对爱情的表达最为原始和粗糙，他对吴妈说"吴妈,我要与你困觉",由此酿成爱情的悲剧。而喜欢读书的人,不仅内心世界丰富多彩,而且语言表达美丽多姿。前些天曾有幸读到这样一份情书,这是一位大陆大学生和台湾茶人相遇后写的:

> 该用怎样的语言开启这篇文字呢?
>
> 来台湾之前从来没有想到会遇到这样一个你,安静,内涵,谦逊,美好的你。这也许是送给我的最好的礼物。所有的辛苦都不记得了,最后,台湾第一次"旅行"的记忆里,只有一个"光而不耀"的你。
>
> 真好!
>
> "于千万人之中遇见你所要遇见的人,于千万年之中,时间的无涯的荒野里,没有早一步,也没有晚一步,刚巧赶上了。没有别的话可说,唯有轻轻地问一声:噢,你也在这里?"
>
> 对君,一见倾心。
>
> 一切都是刚刚好。
>
> 我会珍惜。
>
> 想像茶一样的我。

写得真好!这里,借用了张爱玲《爱》中的一段话,却很好地表达了她的情愫。

当然,知书可达理。所谓"养正",就是通过阅读,你能对现实做出客观的分析,做出理性的判断和选择:在世俗中你能有高远的追求,是一位谦谦君子,是一位高雅的人。

有人说,不久的将来全世界的图书都在一个"云"里,稀缺的是独立思考、批判精神,不盲从于社会,不追逐时尚。在"大数据""云计算"时代,有无数的声音,什么是真的?什么是假的?什么是对的?

什么是错的？必须自己去做出判断。坚持阅读，坚持阅读经典作品，是形成你正确判断的基础。

（2017 年 7 月 1 日，在漳州众望书城挂牌成立"共青团书店"暨读书交流分享会活动上的讲话）

选择古琴,打开音乐和传统文化的大门

　　没有料想,在 2018 年 4 月 24 日下午会与最优秀的你们相遇。记得 2014 年的 9 月,龙人古琴来到闽南师范大学文学院,由此,文学院的气质也发生了变化,除了有学术的严谨、文学的浪漫,品位也变得高雅。文学院的学子们又多了一个可以谈心,可以让生命获得成长的朋友,同时打开了一个音乐的世界。因为古琴这个朋友,文学院的学子们阅读了许多艺文经典,结交了许多有志有情有趣之士,包括海内外著名的文学家、艺术家,著名的学者等。

　　真的很感谢谢建东先生和他的团队,感谢他们对古琴的热爱和对古琴文化的推广。记得我读中学时曾读过一篇课文,是伏契克的《二六七号牢房》,课文中说道:“没有歌声便没有生活,犹如没有太阳便没有生命一样。”音乐无疑最能让我们的生命走向智慧和创造,走向丰富和优雅,走向和谐与美丽。而古琴音乐在古代是中国音乐的灵魂,也是中国传统文化最重要的载体。故若你想与音乐为伴,想走进中国传统文化,古琴无疑是最好的实现方式之一。

　　说到古琴,我们很快想到俞伯牙和钟子期“高山流水遇知音”的故事,想到司马相如与卓文君以琴音交心的浪漫爱情故事,想到诸葛亮以弹琴退司马懿十五万大军的空城计的故事。还会想到嵇康“目送归鸿,手挥五弦。俯仰自得,游心太玄”,王维“独坐幽篁里,弹琴复长啸。深林人不知,明月来相照”等许多优美的诗句。

在这里，我还想给大家介绍一个瑞典音乐家的故事。她的中国名字叫林西莉，28岁那年，她辞去斯德哥尔摩大学的教职来到中国，想学习中国的文化。1961年的中国，一方面物质产品还很匮乏，她必须面对饥饿。另一方面，她也很不适应北京大学的上课方式。在困顿的时候她找到古琴研究院，开始学习古琴。两年，她学会了弹奏20多首古琴曲，并由此了解了中国书法、绘画、诗歌，打开了中国传统文化的大门，喜欢上了中国传统的琴书相伴的优雅的生活方式。后来她又到印度及南美洲的一些国家，在20世纪70年代回到瑞典重新教书，走上推广汉学的道路。她撰写并出版《古琴》《汉字王国》，由此获得瑞典文学最高奖"奥古斯特奖"及中国政府颁发的"中华图书杰出贡献奖"。有一次面对采访，林西莉说："古琴的品性独一无二，它的音打开了人类与大自然的沟通，触及灵魂深处。古琴能表达对人生的领悟，古琴是一面心灵的镜子。"

林西莉是一个外国人，却能通过古琴走进中国传统文化的世界，终生不离不弃。在现代社会中，我们作为中国人该怎样继承和弘扬我们优秀的传统文化呢？今天，在长泰县政府领导的重视下，龙人古琴主办的"古琴文化进校园"活动正式启动，大家可真切地了解古琴、认识古琴，感受古琴文化的魅力。诚祝活动圆满成功，也祝同学们健康快乐成长！

(2018年4月24日在"古琴文化进校园——长泰一中活动"中的讲话)

历史是这样被感知

2014 年 10 月 31 日是一个很重要的日子,这一天,1964 届校友返校,在学校种下三棵名贵树木,立下石碑,由此,五十年前的历史不再是空洞的时间概念,而变成闽南师范大学每一位教师、学子可以感知、触摸的存在。

我一直以为,大学的精神不只在教师的传道授业解惑中,更在一代一代学子们的生命轨迹中,而他们的精神在校园中的可感知地存在,校友在学校留下的一栋楼、一笔奖学金、一棵树、一幅画、一方碑石……都构成学校最美丽的风景。那里弥漫着对母校的爱、对未来学子成长的关心,给一届又一届学子们心灵滋养。在此,我要代表文学院师生对 1964 届校友们表达欢迎的同时,要表达我们由衷的敬意,并为此感到骄傲。

历史是一份珍贵的财产。去年 1963 届校友回校,那曾中断的记忆有了较为清晰的影像。昨天,不少同学看到"热烈欢迎 1964 届老校友"的横幅,那份激动,似乎也看到学校那曾有的历史。1958 年,龙溪师范学校设大专班,大专班设的第一个专业便是中文,五十六载春华秋实,五十六年薪火相传。文学院一直是学校综合实力最为雄厚的院系之一,1992 年,汉语言文学成为学校首批获得学士学位授予权专业;2003 年,中国古代文学成为学校首批获得硕士学位授予权的两个学科之一;2010 年,中国语言文学获得学校首批一级学科硕士点;

2012年,学校依托我院"中国语言文学"一级学科,通过教育部"服务国家特殊需求博士人才培养项目",获得博士学位授予权;2013年6月,经学校批准成立文学院。

院系的发展离不开优秀的教师。文学院在学校师资最强,向来不乏名师,且是全国名师常来交流的地方。早期有戴深石、郑景渠、刘学沛、李拓之、吴秋山、陈章武等前辈;后来有全国首届文科博士之一、杜甫研究专家林继中教授;拥有西方文论研究知名专家刘庆璋教授;拥有屈原与楚辞研究、道家研究知名专家,全国楚辞学会副会长汤漳平教授;拥有老舍研究知名专家张桂兴教授;拥有闽南知名作家青禾,书法家李木教、沈舜乾老师。现在教职工70人,其中专任教师60人,在职教授15人,49%以上教师具有博士学位。有1个博士点方向、7个二级学科硕士点(文艺学、汉语言文字学、中国古典文献学、中国古代文学、中国现当代文学、比较文学与世界文学、课程与教学论)。设有汉语言文学教育、汉语言文学、汉语国际教育等3个专业和文化诗学研究所、中华语言文化研究所、语文教育研究所等,目前在读的全日制本科生总数为1 600余人,研究生160人。在学科建设、学术研究、研究生教育、人才培养等方面均走在学校各院系前列。

当然院系的发展也离不开校友的支持。目前文学院正在承继传统,在坚持学术为本的基础上,开展实践育人,环境育人,向综合应用型人才培养转型。一方面加强中文国学基础和核心能力培养,让学生"会阅读、善思考、能写作";另一方面,加强学生人文学养的培养,让学生回到琴棋书画的重人文学养的传统,我们设立了书画工作坊、古琴工作坊、中华经典诵读和课本剧创研基地、写作工作坊;同时拓展学生中文应用能力的培养,开设实践性较强的模块课程,如现代文案写作模块、创作与翻译模块、现代媒体技术与文创模块、茶文化模块等,拓展学生的职业能力。在这个过程中,我们与厦门大学中文系、福建师范大学文学院、华侨大学文学院、集美大学文学院、北京师范大学文学院、台南大学人文与社会学院、明道大学人文学院等高校建立起合作关系；与漳州电视台、福建省漳州窑瓷业发展有限公司、漳州聚才企业管理咨询有限公司、福建省作协、漳州市作协、龙人古琴、芗城区团委等单位建立起合作联系；也得到校友的鼓励和人力、物力上的支持。在此，我们也期待1964级校友们以后常回家看看，关心学校的发展、关心文学院的发展。

最后，祝大家身体健康、家庭幸福、事事如意！

（2014年10月31日在1964级校友返校座谈会上的讲话）

热情 想象 美丽

　　时光匆匆，一个学期很快就过去了。我们做了一些工作，思考了一些问题，有些事要做还未来得及做。在这个时刻，总是有个声音涌来：时间都到哪去了？

　　回顾一个学期的工作，从何说起呢？

　　6月份，我们又送走了400多名本科毕业生，23名硕士研究生。在学士学位授予仪式上，除了院学位委员会委员以外，今年有近20位教师参加了这一仪式，我对能参加这一仪式的老师表示感谢。我想，开学典礼和毕业典礼应是师生共同的聚会，是一个很重要的育人仪式。两个月后我们将迎来79名硕士研究生（其中学术型29人、学科教学50人）、360名本科生（其中135名汉语言文学教育专业学生，225名汉语言文学专业、汉语国际教育学生），我很希望到时我们的教师能积极参加。虽然，一次典礼活动本身说明不了什么，但只要我们认真去做，只要我们坚持，时光和坚守就能赋予形式以内容和生命。

　　我想，作为老师，学生当是我们首先要关注的。而那些为了学生的成长默默地辛勤付出的老师，也是学生最感怀的。这个学期有很多老师都在做出努力，在课堂上传道授业，在学术上孜孜以求，这无疑代表了文学院的希望。有一位老师，在师范生的实习中，克服家庭的困难，在她负责的实习点里，要求自己听每一位学生的课，并给予指导；有一位老师，常有毕业或未毕业的学生提到她，她抽出很多时间指导学生看书、背书、开讲座、批改作文,不求任何报酬,只是默默地付出;还有一位老师,她所指导的师范生多年来在学校教学技能大赛中囊括文学院所获奖项。不求名利,帮助学生成长,我们这个时代最需要这份热情和责任。

学生的成长,教师是关键。这个学期我们举办了闽南诗歌节和端午诗会,得到同学的好评和社会的广泛关注。这期间,除了活动组织人员精心布置,确保活动顺利、出彩以外,还有不少老师参与。

我们不希望文学特立独行,自古以来文人的世界不只有诗有文,还有书画、琴、茶酒,在棋琴书画诗中,生活不再只是眼前,还有远方和天空。营造人文环境,引入资源,不少人在出谋划策,继去年暑假在书法家沈舜乾老师的指导下设立书法教室,这学期古琴教室的建设一直在努力中,要感谢学院的老师,通过对学院的宣传,促成该项目的实施,龙人古琴已纳入合作计划,且暑期教室装修完成,九月份策划第一次较高水平的琴艺研习活动。

学者治校,学校的发展,学院的发展,核心是学者、专家。成为真正的学者,成为专家,在培养学生培养人才中自己得到成长,在自己的发展中和学院共同发展,是我们期望教师的目标。

这个学期,在科研方面,项目立项不断传来好的消息。目前为止,我们已超额完成学校的定量,且今年纵向科研项目立项经费有望达到百万元。张桂兴老师的"林语堂文献整理与中英文资料库建设"、胡明贵老师的"文化会通视野下的自由主义与中国文学新传统研究"、陈良武老师的"百年来出土文献与中国文学史研究史论"获国家社科基金立项;杨继光老师的"清代涉台奏折词汇研究"获教育部人文社会科学研究青年基金项目立项。

在学术交流方面,今年暑期我们将有不少老师参加各类学术会议和研修班,我们还邀请了20多名专家前来讲学,这里要特别指出的是,在这个学期的交流计划中,各教研室发挥了重要作用,也期待以此为契机,进入以教研室为单位组织学术交流的有序发展阶段。

学术交流与研究是教师成长的关键。我们期望学术的研究能够拓展我们教师的视野，增强培育人才，服务社会的能力。请得进来，走得出去。这个学期学院的"一书一世界"活动走进晓风书屋，多位老师主讲，对社会产生很好的影响。此外，我们有不少教师参与地方的社会文化活动。暑假将有不少老师参加学术活动，我也期望学期初都能作分享报告。学术交流不只是一个讲座，也是个人发展和学院发展的契机，在与学者的交流中，能明确方向，可拓展资源，寻找共同发展的空间。

学生的成长、教师的成长是学校发展的主题，同学和老师在共同成长中的努力决定着文学院的发展空间。以热情和想象创造美丽，是文学的核心特质，也是文学院老师和学生的精神特质。我们最需要告别漠然，最不能停留在抱怨，尤其是青年教师，是文学院的未来，要敢于面对现实，承担责任。困难是成长过程的必要遭际，面对人生中的难题，要有耐心，要能够以大舍小；要有胸怀，要努力把自己的成长融入学生的成长、文学院的发展，社会的发展中，找到精神动力。不能只局限在自己的世界里，要有心窗，看见远方美丽的风景。

文学院的传统是什么？我们在哪里？路又在哪里？一切或许才刚刚开始，甚至还没有开始。但有愿想的地方就有路，有热情的地方就有远方。

祝愿大家有一个美丽的夏季。

（2014 年 7 月 8 日在学期结束时全院教师大会上的总结发言）

筑梦路上

　　这一学年,人文学院与所有二级学院一样,应该是最忙的一个学年。

　　在这一学年,根据校党委的布置,我们加强党风廉政主体责任建设,建立并不断健全廉政风险防控机制,以规范权力运行。如建立党政联席扩大会议议事制度,完善教学委员会、学术委员会、学位委员会审议制度,重大事项院党委监察委员的全程监管制度,落实了一岗双责,层层签订责任书,建立问责机制。

　　在这一学年里,根据学校的布置和要求,我们制定了教职工年度考核管理办法,《文学院绩效奖励分配办法(试行)》《文学院平台项目实施办法(试行)》。因关乎教职工利益,这些办法,从调研、讨论、协调、修改、通过,付出大量时间和精力。这一学年,我们还制定了"十三五"发展规划,开展本科教学审核评估工作,因关系学院的发展,我和所有二级学院领导一样,尽心尽责,调研、论证、讨论、检查,同样付出大量时间和精力。就文学院而言,我们还接受了三轮重要的省部级学科评估:一是组织完成福建省省级重点学科考核验收的工作,评估结果为合格;二是接受教育部学位中心组织的全国第四轮学科评估,现已完成各项填报工作;三是接受教育硕士专业学位点的评估。每一项评估均要完成三四十页的材料,这同样需要大量的时间和精力。在这一学年,我们还申报了省级专业群建设项目:面向"一带一路"文化拓展需求的特色学科专业群建设,项目已报省备案,在实施中;申报并获批福建省高等学校服务产业特色专业建设项目:传统特色产业(书画)专业建设。我亲历了这些项目的申报,专业群建设近五十页的材料,历经一个多月的努力,调研,论证,修改,与合作单位协调,汇报,我们尽心尽力去谋划。在这一学年,我们还申请了新专业,进行了认真的调研和论证。

历经这些,我和许多二级学院的领导一样感受到身心疲惫。然而我们从事的是人的培养的工作,再累,也不敢懈怠。就文学院而言,我们不会忘记还有一个文行远方的梦,为了师生的发展,为了让我们的学生能走得更远,面对从未有过的压力和挑战,我们努力坚持着。

我们坚守着人才培养的中心地位。2015 年 12 月 27 日至 29 日召开了文学院第三届教学研讨会,同期举行"闽粤台部分高校文学院院长协作会议""文学院 2016 级本科人才培养方案论证会",深入探讨中华传统文化的教育及中文应用型人才的培养,力求解决文学院的学生如何更好地面向社会,面向未来。会议以人才培养方案论证为抓手,促使老师对人才的培养进行整体思考,进行探索改革。会议聚焦在文学院的学子们以什么能力去面对快速发展的时代,形成若干共识和合作建议,文学院有更多的人在眺望远方。

北京大学陈平原教授指出,大学以知识为基础,以技能为重点,以情怀为最上。知识的传授,文学院有较好的师资和传统,是不能放弃的。但传统的教学不注重技能和情怀的培养,这是这几年文学院人才培养调整的方向。首先是文学院学生能力的培养,最基本的是阅读、写作、研究能力。我们以写作能力的培养为核心,以写带读,以教促研。重点做了以下工作:设立写作教学研习中心,开展写作课程改革、文体写作课程系列教材编写及以作品的阅读与讲解为中心的读写结合的文学史课程改革,写作特长班培养、诗歌节活动、闽台写作研习营活动、中外作家笔会活动等步入常态化；启动了作家工作坊、"林语堂文学写作中心"的建设。目前已初步构建出课程改革与课外实践体系化，文本写作与网络写作同时展开，论文写作和文学写作及文化产业创意应用写作兼备，校内老师和校外作家、艺术家、文化产业经理、学者共同参与的全方位立体化写作教学模式。

大学培养文化人，要有人文情怀，文化品位。而对文学院的学生来说，从知识结构要求、技能和情怀的培养，优秀传统文化的研习至为重要。在这方面我们也在进行积极的探索：成立中华传统文化研习中心，推进国学典籍导读课程建设，人文素养课程建设，实施书画特长班培养计划，指导"墨韵书画协会""云水茶艺协会""芝山剧社""泠音琴社""唐音吟诵社"开展传统文化研习活动，已初步构建起传统文化艺术研习（笔会、琴歌书画茶交流会、琴歌书画茶评鉴写作、书画个展等），以"习"为主，"研""习"结合的综合性人文素养模式。

知识、技能、情怀，在人才培养的这一过程中，我们不能关门办学，我们培养的学生要走向社会。文学院主动去适应教育的社会化、国际化趋势，以更加开放的姿态，主动与海内外的高校、文化教育机构和企业、校友接触，寻求志同道合者，共同努力，互相促进。在这方面，首先是破除狭隘的专业壁垒，广交朋友，广结良缘。文学院历来聘请著名专家学者讲学最多，这一传统我们努力坚守着；同时我们加强了与文学艺术家的交流，加强了校友交流，加强了与文化机构、文化企业的交流。在广泛的交流中，更加注重优质资源的效用：如引导学生与名师面对面，与名师交友，一些学生懂得了名师讲座的"听"与"跟"；主动对接社会文学文化需求，提高社会服务能力，扩大社会影响力；寻找合作空间，寻求共同发展。

当然，学术为本，教师的学术视野、学术研究能力是人才培养、专业建设的根本因素。这方面文学院有较好的基础，我们在这一基础上更重视引导学术研究与人才培养、社会服务、文化传承紧密结合起来。如我们很重视教师研究课题、研究成果的交流，注重对接人才培养、社会文化建设需要。

总结过去的一学年，我们的工作取得一定的成绩，但还存在不足和问题：如学科发展中高水平人才引进力度不够，学科领域建设有待加强，教师发展规划及双师型教师建设力度不够，教师的师德师风建设有待进一步加强，信息化管理水平还不高，国际化程度偏低，教学环境建设规划不够，教学管理精细化不足，质量评估体系建设有待加强，校友工作急需拓展，都是今后需要进一步努力的目标。

新的学年，要采取切实有力的措施，加强学科发展中高水平人才的聘任、学科带头人的培养和学科领域的建设，学科建设整体实力有明显提升；加强双师型教师的建设和行业专家的聘任，推动教学环境的改造和校内外实践基地的建设，稳步推进与海外高校的学术交流、人才培养合作，推动应用型人才培养模式的改革；切实推进教学管理信息化建设，逐步建立适应复合应用型人才培养的质量评估体系；完善校友信息库建设，把校友工作与学院的发展、人才培养紧密结合起来。进一步加强师德师风建设，强化教师的责任意识，力求在学科建设、人才培养、科学研究、社会服务、队伍建设、条件建设、对外学术交流合作等方面都取得更好的成绩。

郎平说："女排精神不是赢得冠军，而是有时候知道不会赢，也竭尽全力。是你一路虽走得摇摇晃晃，但站起来抖抖身上的尘土，依旧眼中坚定。"十年树木，百年树人，为了学生有更好的发展，有更好的前途，我们无怨无悔。

（2015 至 2016 学年述职述廉报告）

芳华因爱而美

在庆祝建校和建院六十周年之际,文学院在此举办《芳华里》点映礼和主创见面会,这部由2004届校友林海晏投资拍摄的电影,是给校庆和院庆的一份大礼。文学院是电影的出品人单位之一,也想通过这样一个活动表达对在学院发展中所有关心、支持和帮助学院发展的广大校友、学校和机关领导、老师及所有社会人士一份诚挚的谢意。表达对文学院在校师生的一份美好祝福。

德国著名哲学家雅斯贝尔斯在《什么是教育》一书中说:"真正的教育是用一棵树去摇动另一棵树,用一朵云去推动另一朵云,用一个灵魂去唤醒另一个灵魂。"教育本该用知识的建构去开启智慧,以学术追求去引导对真理的热爱,以热情用心的服务去传递生命应有的爱。然而,在目前的教育语境中,却常常是学了许多知识,却没建构起应有的思想;获得了一个个学历,而无与之相称的文化底色;得到了一个个职称进阶和校级省级荣誉,却未体现出应有的生命的境界。

如果教育者无法作为一个"大写的人"站立,没有诗和远方,自己都没有灵魂,他又怎能去引导另一个生命,去唤醒另一个灵魂?

每一个人都是教育者,在家庭要教育子女,教育弟妹,在社会或是传道授业解惑的老师,或是公共场所文明的使者。每一个人,尤其是师范大学的师生都要有一份自觉,不能忘却自己该有的责任。

这让我联想到《史记》七十列传第一篇《伯夷列传》,司马迁就伯夷、叔齐的故事引发一个又一个追问：如果没有孔子那样的教育家，古之仁圣贤人的事迹如何传扬下去呢？伯夷、叔齐的故事如果没有孔子的传扬可能就泯灭在历史的尘埃之中。更深的问题是：历史与现实，屡屡呈现像伯夷、叔齐、颜回这样的仁贤之人无善终，像恶人未受到惩罚。那么人类的希望在哪里呢？"善有善报，恶有恶报"，这是人们对一切美善进行呵护的愿想。但人世间却并不完全是这样的。司马迁责问天有天道吗，这也使我们明白，人世间我们永远无法消灭假、恶、丑，而真、善、美是人类希望之光、文明之火，努力传播真、善、美，去唤醒每一个生命中真的、善的和美的天性，这样心灵就不会荒芜，不会杂草丛生。这是人类穿越黑暗的途径，是有道之士永远的使命。

"志于道，据于德，依于仁，游于艺"，心有理想，有仁爱，让知识成就智慧和美德。林海晏本科就读于我们文学院，后来到厦门大学读研究生，毕业后经商。她未忘记读书人以传播真、善、美为己任的使命，她创办了添行健生物科技有限公司，以孝为纽带，其产品营销希望不仅带来身体的健康，还带去家庭的幸福。她还创办了福建芳华里仁文化传媒有限公司，她说她喜欢"敛尽芳华，里仁为美"这句话，生命有爱才有芳华、才美。她投资拍摄电影《芳华里》，也是在努力传递真善美，因为这是关于爱的一部电影。

很感谢她与文学院联合主办这样一场活动，最后也要感谢大家的参与，诚祝活动圆满成功，祝福人世间充满真、善、美。

（2018 年 12 月 5 日举办电影《芳华里》点映礼和主创见面会上的致辞）

天地有大美而不言

　　一周的台湾"文学研习营",行程满满,明道大学师生的情谊满满,我们的感念满满。

　　这是文学院同学第一次到台湾参加文学创作研习活动。记得在2014年闽南诗歌节上,我们向萧萧老师、罗文玲老师汇报了一个念想,期望能在闽台两地组织文学创作研习营,进一步推进两校之间的教育合作和交流。萧萧老师、罗文玲老师立即表示可在台湾开展第一期活动。于是我们开始做计划并向学校和政府相关部门提交申请。当计划获批准并告知罗文玲老师时,已是6月中旬了。为了实现这个念想,明道大学人文学院的很多老师开始忙碌起来。

　　当我们领到精致的文件袋,看到为我们准备的资料、笔记本、研习手册;当我们打开研习手册,看到活动的安排及手册周到而富有创造性的设计编排;当我们来到书法教室,看到非常雅致的环境再作精美的设计装修时,我们的心涌起阵阵波澜。其实这只是寻常的很小的一次学生活动,其实我们也只是一所普通大学的师生,可是我们感觉到明道大学人文学院每一位老师的全身心的付出。

　　当明道大学郭秋勋校长亲自参加欢迎晚宴,第二天又和施敏慧副校长一起来参加开幕式,并作演说,我们很是惊异。这只是一次规模很小的学生的文学研习营活动,然而学校的领导放下等着他处理、等着他思考的事务,来到我们中间,传递着对同学们的关爱。

天地有大美而不言。萧萧老师刚接任人文学院院长一职，有多少事在他的脑海中酝酿，等待着他规划，从活动的设计、作家的邀请、场地的布设、参访的景点、同学们的纪念品，他一一考虑着，始终和同学们相伴。人文学院的所有老师都心疼着这样的老师，劝他要休息，可他却永远用笑感染着我们，不道一声辛苦，满足同学们想到的、没想到的要求。罗文玲老师，从六月到现在，为了这次活动的实施竭尽心力，一次次修订计划，如绣花般地布置活动场地、精心雕绘每一个细节，有时晚上只能休息几个小时。人文学院的老师担心着她，可她没有说一声辛苦，总是以最美丽的笑陪伴着我们，她以最好来设计着，实施着，却担心还不够好。还有陈宪仁老师、兵界勇老师、陈钟琇老师、李佳莲老师、陈静容老师、谢瑞隆老师，中文系共九位教师，全部参与了这次接待活动，他们牺牲假期的休息，服务在我们的周围。可他们没有道一声苦，始终把贴心的微笑展现在我们面前。不会忘记李阿利老师，她花了一周的时间来准备静思茶道，同学们获得了心灵的洗涤，可临走时，却对我们说，不知是否做得好，对同学们有没有帮助。还有参加创作营的六位诗人和作家，他们准备了很多，希望在有限的时间内能给同学们更多的帮助，他们事务很多，有几位这边讲完，还要立即赶往其他地方讲座。所有的人都无限珍惜这些时光，恨不得把自己的所有都捧出来。

热爱诗歌、热爱文学，也就是热爱生活、热爱生命，也就是用心去对待一切，珍惜任何一次的相聚。

在明道大学时，我们中有位没有写过诗的老师在习作本上写道：

不是春天，阿勃勒花、麒麟花、凤凰花，许许多多的花在开放着。

不是秋季，橄榄、重阳木、海芒果，许许多多的果在结着。

不该是候鸟南迁的季节,数不清的各种各样的鸟儿在树枝间、草地上飞舞着,欢唱着。

远不是开学的日子,总务长一早在校园修剪树枝,校长忙着参加来校的世界各地的学生活动,人文学院的教师在为大陆文学创作研习营的同学忙碌着。

那是诗,那是天地间的大美,那是永远的绿。

同学们也拿起笔写下一首又一首诗。或许这些诗行还很笨拙,但我们每一个人都收获了感动,努力传递着生命的真与善。我们知道,有真和善的地方就有美,有美才有诗。

（为《2014 年赴台文学研习营作品集》所作序）

路，在思想的行走中

路，在行走中，更在思想中。

习惯于跟着父母走，跟着老师走，跟着流俗走，其实也就无所谓路。路，首先是一种痛苦的选择。你听到远方的召唤，尽管隐约，也不清楚那远方在哪？于是激动、不安、彷徨、期冀，在生命的躁动中，你努力抚摸着、分辨着属于自己心灵的声音。你于是想打开那扇通往远方的门。

记得俄罗斯作家屠格涅夫有一篇散文诗叫《门槛》，这样写道：

"啊，你呀，想跨进这道门槛，你可知道等待着你的是什么吗？"

"我知道，"姑娘回答说。

"知道寒冷、饥饿、憎恨、嘲笑、蔑视、侮辱、监狱、疾病，甚至死亡吗？"

"我知道。"

"知道你会跟人世隔绝，完全孤零零一个吗？"

"我知道……我准备好了。我愿意经受一切苦难，一切打击。"

选择是一个不断舍弃的过程，要听从属于心灵深处自己的声音，没有勇气和意志力是很难跨出去的。那是一条你必须自己独自承担的旅程。

每个人来到世界上都是一个独特的创造，都是无法替代的，这也意味着他人无法代替你去思考，自己的路必须自己去走。岁月如流，叶落无声。人生能做的事情很有限。我们有过许多美好的念想，而这许许多多的念想总是在匆匆的时光中，如穿行在枝叶间的缕缕阳光，细碎、迷离，明明灭灭。生命就这样在不知不觉中轻轻流逝。

或许，自己去寻找生命该有的丰富、轻盈和诗意，也是对自己生命负责的一种重要方式吧？

（2016 年举办在校生优秀书法作品个展，此为"周智鹏书法篆刻作品展"所作前言）

博于文　游于艺

古代文人的世界里不只有诗有文,还有琴、棋、书、画。张衡《归田赋》云:"弹五弦之妙指,咏周、孔之图书。挥翰墨以奋藻,陈三皇之轨模。苟纵心于物外,安知荣辱之所如?"诗书生活是文人或古代知识分子最为雅致、最有魅力的生活情态。中国古代文化精神也最集中地在诗、文、琴、书、画等文学艺术中表现着。

然而在很长一段时间里文学和艺术分离了,学文学的不太懂艺术,学艺术的没有文学的基础。学科专业发展越来越细,人才培养口径越来越窄。这也使得相当多的中文学子缺少生命表达该有的丰富性,没有品鉴能力,缺乏生命的趣味。热爱语言文学的学子们,博学于文当是其主要任务。在大学应尽最大可能广博涉猎经史子集,学习以人文学科为中心的各方面知识。要阅读大量的经典,要积累生活体验,同时也要不断提高艺术的学养和品位。

闽南师范大学汉语言文学专业设置半个多世纪以来,重视中华传统文化和闽南文化的研习,吸纳了一批优秀学者,如戴深石、郑景渠、刘学沛、李拓之、吴秋山、陈章武、陈炳昭、林继中、刘庆璋、汤漳平、张桂兴等;在杜甫研究、楚辞研究、老舍研究、文化诗学研究、闽南文化研究等学术领域成就突出,闽南地域文化研究和文化诗学方法论研究成为我校人文学科最具影响力的学科方向。教师中有福建知名作家陈章武、青禾等,艺术家李拓之、李木教、沈舜乾等,而不少学者如林继中、沈金耀等既具文学创作才华，又擅书画。由此，学院渐形成重写作等基本能力培养、重人文素养熏陶的传统。

学校所在地漳州，文学创作和传统艺术（尤其是书画）氛围浓厚。就文学创作而言，现代有名的作家如林语堂、许地山、杨骚等，而当代小说、散文、诗歌创作非常活跃，出现杨少衡、海迪、青禾、赖妙宽、杨西北、安琪、陈子铭等颇具实力的作家群。就传统艺术而言，明清以降，漳州诏安出现许多著名书画家，沈锦洲、沈瑶池、谢颖苏、汪志周等诏安籍书画家群体，史称"诏安画派"。清末民初名家辈出，马兆麟、沈瑞图、沈镜湖均独树一帜。建国后从诏安走出的著名书画家，有林林、沈福文、沈柔坚、沈耀初、沈锡纯、韩柯、林仰峥、沈默等。1993年文化部命名诏安县为"书画艺术之乡"。漳浦县是明代大儒、大书法家黄道周的故乡，2014年获中国书协授予"中国书法之乡"荣誉称号。

从诏安走出的沈金耀教授一直致力于博雅人才培养的探讨，结合中文人才培养的传统，漳州丰富的文学及书画艺术资源，2013年开始，开办书画特长班，成立墨韵书画协会，开设相关选修课程，进行文人书画的研习。在此基础上，2016年申请在汉语言文学专业中设置书画艺术方向，以开展服务传统特色产业（书画艺术产业）专业建设工作，并列入福建省高等学校服务产业特色专业建设项目。由此，爱好书画的同学开始了以书画促汉语言文学专业的学习，结合经典的阅读开展书画研习的艺文结合的学习旅程。学生的习作，不仅有小论文、文学作品，还有书画作品。

编入书中的这些书画习作，或许稚嫩，然大多数有先贤的范本，又加入自己的理解，体现了同学们的创造性和灵气，作品十分清新可爱。从这里，我仿佛看到，青年学子们经典的阅读变得兴味盎然，对世界的表达变得丰富多彩，心灵的世界变得越来越自足、自由。

（为《2017年学生书画作品集》所作序）

教育应引导学生面对世界的问题

　　21 世纪教育面临诸多的挑战，尤其是信息化、新媒体、人工智能等和文化传媒有关技术的发展，改变着人们的信息交流方式、知识传授方式，也改变着人们的生活方式，教育的方式方法也在不断变化。面对科学技术的高速发展，面对世界的复杂多变，教育的主要任务是什么？怎样的教育才能帮助人们更好地适应和把握这个世界？教育如何帮助人们充分利用技术及传媒飞速发展的成果而不被其束缚？时代对教育者提出了诸多命题。

　　陈嘉英无疑是面对这个时代教育诸多命题的、最有力的思考者和教育改革者。

　　记得 2014 年 7 月底至 8 月初，闽南师范大学举办漳州地区语文学科带头人培训班活动，陈嘉英应邀前来讲学，她讲的是语文教育中阅读与写作的问题，四次讲座、一次示范课、两次座谈，给予漳州学员们别样的教育观念和语文教学风景。在交流中，陈老师非常强调当代社会网络发达，网络世界信息量巨大，知识的学习变得异常的便捷。但网络信息各说其话，但不是各说其是，这就要求人们要有很强的自学自发的能力，要培养人们面对网络世界的综合性多方面的能力。她认为，资讯时代知识的吸纳和创新包括资讯力、理解力、决策力、写作力、创新力、品格力等方面，而这些能力的获得，要求更宽广的视域，更具穿透力的思维方法，更深厚的现实激情。教育应该是从每一个具体的生命出发的,陈嘉英倡导差异化教学,把资讯力、理解力、决策力等分成不同层级,以不同方式逐级培养,不同层级的培养又根据文本的不同、学生阅读能力的不同有所侧重,设置不同的问题加以引导。这是一种阶梯式教学,也是一种建构式教学。在学生阅读能力和写作能力培养中,紧紧结合学生个体生命的成长。或者说,关注学生成长中的特点及遇到的问题展开阅读和写作的教学,能力的提高与生命的成长、社会的发展结合起来。以关注学生健康成长、社会的发展进步为主轴,引导学生学会阅读、学会思考、学会写作,让每个学生都能得到健康成长,推动社会更加文明美好。

陈嘉英很关心在科技化、信息化时代心灵的成长,她主张语文教育生活化、人文化。她的课堂把课内与课外、文本与生命、教学与生活打通,学习知识,也是学会生活;学习文本,也是理解世界。这指引导学生认识自己。语文教育的过程应该是看见自己、拓展自我、修正自我、完善自己的过程。海德格尔说:"语言是存在的家。"从他人的文章中照见自己,发现自我,在写作中调整自己,完善自我,实现自我。陈嘉英说:"人的心是文学性的。"这正彰显了语文教育和人的心灵建构之间的紧密联系,通过阅读、思考、写作让自己被看见,进而实现自己,让自己成形,这是语文教育的崇高使命。

当然,学习除了丰富和提高自己的心灵境界,还应能够有能力去面对这个世界,对他人和社会有所帮助和贡献。引导人们认识世界也是教育的主要功能,只是在知识和社会、主体与世界如何更好地互动上,会有不同的思考和做法。传统的教学更多地停留在书本的世界,分门别类,所学知识常常在真切生活的世界之外。陈嘉英主张,语文教育的过程是认识人类生活的世界、关注人类生存的普遍问题、思考并学着解决这些问题的过程。陈嘉英多次带学生来到大陆,让学生了解中国的文化历史,了解社会的发展变化。她非常关注现实,关注人群,引导学生把书本知识与现实生活结合起来。

这些年，陈嘉英积极探索主题教学模式，开展议题导向的阅读与写作探讨，出版推广相关成果。她说："鉴于新课纲与未来教育趋势在引导学生对广泛与跨领域、跨学科主题的认识，能运用所学处理全球化、永续发展等问题，故体例是先整体性叙述全球现象、解决对策，继而设计问题让学生思考、发表想法。"教育人权、流行文化、人才流动、粮食问题、全球经济、科技发展、能源环境，这是全球性的主题，也是影响人类发展的恒久性的重大问题，学生在知识的学习中，既要脚踏实地，又要有高远的追求，引导学生关心和思考这些人类发展的问题，引导学生关心和思考人类的命运，无疑是最好的方式，也呈现出她具有知识分子的很强的使命感。知名科幻作家、雨果奖获得者、童行学院创始人郝景芳在《中国教育还缺什么》一文中说："真正的杰出人物是怎样产生的呢？杰出的历史人物，国籍民族家庭背景各异，成长路径也千差万别，但都有一个共同的核心的指引：解决人类和世界的问题。解决世界的问题，在我看来教育是唯一真正的目标。"然而这些重大问题的思考，传统的做法往往是从学科化单向度分门别类来展开；而陈嘉英是放在跨学科、跨领域视域中来进行，引导学生应用各学科知识来思考某个重大问题，这既有利于知识的整合和综合思维的培养，也是把握复杂多变的世界更为有效的方法。

陈嘉英不仅具有教育家的情怀，而且有学者学术研究意识和素养，有教育改革家的探索勇气和实践精神，故她能在基础教育领域取得优异的成绩。从她的教学中，从她撰写和出版的一本本专著中，深切感受到陈嘉英是一位有理想追求、勤奋执着、饱读诗书、耕耘不辍的卓越教师。

（为陈嘉英《议题导向的阅读与写作》所作序）

春华秋实　岁月如歌

　　在中国共产党成立一百周年,也是"十四五"开局之年,我校获得博士学位授予单位,中国语言文学获得一级学科博士学位授权点,同时还获得三个一级学科硕士学位授权点,六个专业学位硕士授权点,在此我谨代表文学院师生表示热烈的祝贺。

　　中国语言文学一级学科博士授权点的获得,首先要感谢这个伟大的时代,中华民族的伟大复兴,国家的强大,文化复兴和教育高质量发展的要求更为强烈,完成祖国统一大业的信心和意愿更加坚定,这使地处海峡西岸的闽南师范大学,使中国语言文学学科的意义和价值更加彰显,也由此获得教育部、省政府及国台办、台盟中央和全国台联等中央涉台机构的大力支持;还要感谢校领导的正确领导、精心谋划和全力支持,感谢学校各部门、各院系的热诚帮助和团结协作,中国语言文学一级学科博士点的增列,凝聚着全校领导和教师共同的智慧和汗水。当然也要感谢一代代中文人长期不懈的探索和建设。

　　学位点的获得,是学科水平的体现。学科建设是一个连续、长期的过程。中国语言文学一级学科博士点的获得是一代又一代人努力的结果,离不开老一代学者所建立的深厚的学术根基,离不开许多学者在文化教育工作和学术活动方面所付出的辛勤的劳动,离不开大家为提高服务国家特殊需求的综合能力而做出的贡献。此刻,我特别感念老一代学科带头人林继中先生,感念刘庆璋老师、汤漳平老师、张桂兴老师等学者,他们立足本校,放眼全国,积极进取,敢于创新,始终关注国家和民族的命运,为地方高校学科建设和人才培养开辟出一条新路。

省属本科高校,如何走出地方?传统基础学科如何服务社会?20世纪80年代林继中先生回到漳州师范学院,他熟悉中国语言文学学科的核心,抓住汉语言文字学、中国古代文学、文学理论方向,把学科基础和理论方法作为重点,开启人文学科应重传统继承、具创新发展的内涵建设。这样的谋划即便放在今天,依然是基础学科发展的正道。有了科学的谋划,实现的关键因素在人,尤其是学科带头人。林继中先生从兰州大学引进了许奕谋教授、刘庆璋教授,还从其他高校先后引进了胡金望教授、王春庭教授、汤漳平教授、周祖庠教授、刘新文教授、张桂兴教授等,一时人才之盛,前所未有,颇受学界关注。

回顾学科建设的旅程,很显然,基础研究是基础学科立足的根本,是创新发展、服务社会的基础。林继中先生的杜甫研究、刘庆璋老师的西方文论研究、汤漳平老师的楚辞研究、张桂兴老师的老舍研究,在全国学界具有很高的地位,由此中国语言文学学科方向的形成和发展拥有了一个很高的起点。

20世纪90年代开始,林继中教授、刘庆璋教授组建文化诗学团队,在全国率先开始文化诗学的理论建构和方法论探讨,第一个成立文化诗学研究所,召开全国首次文化诗学研讨会,出版系列专著和论文,历经三代、延续近三十年,在该领域独树一帜,产生很大影响力,形成学界公认的"漳州学派",与北京师范大学文艺学研究中心学者群和暨南大学文艺学学者群共同成为国内"文化诗学"研究领域的三大学术重镇。不仅为"文化诗学"在国内的落地发展以及"中国文化诗学"的系统化建构起到重要推动作用,还彰显出极为鲜明的学术特色和理论追求。

林继中教授、汤漳平教授组建"文化建构文学史""出土文献与重写文学史"团队,先后从方法论和新发现文献角度对文学史学科进行探讨,多次发起并主办高端论坛和全国性会议,汇聚该领域一流学者,推出系列代表性成果,对如何"重写文学史"与如何利用新材料研究文学史问题进行了卓有成效的探索,影响了90年代乃至新世纪"重写文学史"的思路以及文学史新框架的构建,极大推动了文学史学科的建设和发展。

敢于探索,勇于创新,敢为人先,是文学院办学的传统。中国语言文学学科建设初期就呈现出创新发展的良好态势,在若干领域走在全国学术界前列。在老一代学者积极引导下,培养了青年教师关注时代、服务社会的意识和能力。中国语言文学学科充分发挥对台区位优势,服务海峡两岸融合发展和国家统一特殊需求,围绕"两岸文化交流""两岸融合发展""两岸基层和青少年交流"等主题开展文化教育与交流活动,参与成立闽南文化研究所,创办《闽台文化交流》杂志,经过几十年的努力,形成台海文献整理、闽南文化与文学研究、两岸文化交流紧密结合的闽南文化与文学研究特色方向和本硕博一体的闽南文化人才培养体系,得到教育部、地方政府和国台办、台盟中央和全国台联等中央涉台机构的认可。

春华秋实,岁月如歌。正是一代代学人的不懈努力与跨学科的精诚合作,才有今天的收获。今年文学院汉语言文学专业获批国家级一流专业建设点,中国语言文学获批一级学科博士学位授权点,汉语国际教育获批专业硕士学位授权点。还获批教育部国家通用语言文字推广基地,六个国家社科基金项目。这些为文学院事业向高质量发展搭建起了平台。新的起点,新的重任,新的征程,文学院将在学校领导的部署下,沿着前辈学者开辟的尊重传统、追求创新、特色发展的学科发展之路,继续努力,开拓进取,稳步推动文化教育事业的进一步发展。

（2021年11月22日在学校学科与学位点建设推进会上的发言）

附　录

追寻文学传统　传承闽南文脉
——关于中文师范生专业培养借鉴传统文学教育的思考和策略

　　中国古代的文学教育历史悠久,形成独特而有效的体系和方法,其中有不少元素在当代仍然具有价值和活力。近年来,在中文师范生专业培养过程中,闽南师范大学文学院注重借鉴传统文学教育的经验和方法,取得较好的效果。从 2019 级开始,将进一步深化这个思路,探索积极有效而且具备鲜明的传统地域特色的中文师范生培养模式。

　　古代中国重视历史经验和文献典籍。从隋代开始推行的科举考试,是封建社会中后期选拔人才的主要形式,考试内容也经历了由诗赋到策论再到八股文的演变。科举考试的内容和形式直接影响文学教育的模式,到明清时期,传统的文学教育体系已经成熟,主要包括两个阶段:首先是蒙学教育。这个阶段的主要任务是识记、书写汉字,掌握一定的生活常识和历史知识。汉字书写训练是这个阶段的日课,学生要投入很多时间学习毛笔字。此时也出现系列的蒙学读本,如《三字经》《百家姓》《千字文》《千家诗》,这些读本内容简单,音韵和谐,易于朗读记诵。其次就进入经典研读和文章写作阶段。明清时期主要以四书并在五经中选取一部经典为主要内容,因为明清的科举考试头场考四书文,以四书的文句出题,中场考五经阐释。在研读经典之外,还要诵读古文选文和八股文选本,学习文章写作的思路和技巧。明清时期的古文选本流行，主要是为八股文写作奠定基础，出现一些重要的影响深远的选本，如《唐宋八大家文钞》《古文析义》《古文观止》，姚鼐编纂的《古文辞类纂》体现桐城派的文章观念，是"桐城家法"的代表。它按文体分类，通过诵读、分析把握文章的脉络，然后揣摩文章的写法，形成了系统有效的文学教育模式，桐城派的文学教育模式一直延续到民国时期。

闽南师范大学所在的漳州及闽南地区具有深厚的文化底蕴，素有"海滨邹鲁"之称。明清两代涌现相当数量的理学家和文学家，也出现不少理学和文学世家，家族文学教育也颇为兴盛。黄道周、李光地、蔡世远都曾编选过古文选本，在明末清初产生深远的影响。他们关于文学教育的思想和方法需要认真研究，这是闽南地域文化的重要内容，其中的优良传统更需要位于漳州的文学教育重镇继承和发展。

闽南师范大学是一所有六十年历史的师范院校，在多年的办学历程中，形成深厚的师范教育传统。突显师范教育特色，弘扬闽南文化优势，一直是学校办学的指导理念。中文师范是学校历史最悠久、实力最强的专业，为闽南地区和福建省培养了大量优秀的中小学语文老师。我们知道，在中小学阶段，语文老师要承担多种角色，素有"杂家"之称。当前随着部编语文教材的统一使用，国家比以往加大了传统文化在中小学教育中的比重和分量，而语文更是承担传统文化教育的最重要的课程。这种趋势，对中小学语文教师的传统文化素养和古诗文鉴赏分析水平，提出更高的要求。闽南师范大学文学院在进行汉语言文学师范专业学生培养时，积极探索借鉴传统文学教育优秀的方式方法，也取得较好的效果。

从2013级开始，在大一开设"国学古籍导读"限选课，每周两课时，上学期是《论语》《孟子》《老子》《庄子》导读；下学期是《礼记》《汉书》《传习录》《金刚经》导读。采用课堂讲授与课外研读相结合的方式,让学生近距离接触经典,深入经典研读。通过这门课的学习,学生可以打下较扎实的国学基本功,从源头上理解中国传统文化的精神内涵。课堂上主要介绍每部经典产生的时代背景、文献流传、内容提纲并选读部分重要片段,课外则要求学生给经典白文句读、做读书笔记等方式深入研读。

与国学古籍导读课程同步,对中国古代文学课程的教学内容和教学方式进行改革:要求中国古代文学课程以作品讲授为主,文学史讲授为辅,作品讲授与文学史讲授的时间安排大致按三比一分配,这样就确立了以作品为中心的教学方式。近年来,以文学史为中心的古代文学教学模式受到不少专家学者的批评。闽南师范大学林继中教授的杜诗研究和汤漳平教授的楚辞研究在学术界影响甚大,他们均重视文本,重视作品研究。确立以作品为中心讲授古代文学,既呼应当前古代文学教学的潮流;也继承学校林继中、汤漳平教授建立的学术传统。同时,古代文学方向的选修课也以经典研读和作品解读为主,如"晚唐诗举隅""古代传记选读""苏轼研究"等。经过六届的实践,学院师范专业学生具有较好的作品分析解读的能力,在求职时优势明显,这与重视作品讲解有密切的关系。

近年来,在师范生大一、大二学年开设传统艺能研习课,内容包括古琴、书画、茶艺、诵读等。每学期有两周集中学习,除此之外,学生还可以根据自己的兴趣特长参加相应的社团,如古琴社、书画社、茶艺社、吟诵社等。通过课堂集中学习和课外研习,学生一般皆能初步掌握一项传统艺能。中国古代文人,向来注重"琴棋书画诗酒茶"的高雅修养,传统艺能课的开设,就是在某种程度继承古代文人的风雅传统,拓宽语言文学教学之外的尝试。作为未来的中小学老师的师范生,如果有一项传统艺能,必然会给教学增色不少,甚至带来意想不到的效果。

从 2019 级开始,在中文师范生的专业培养上,学院一方面巩固、

加强已有的成果,另一方面继续推进借鉴传统文学教育的深度和广度,主要着力于如下领域:

一是汉字的书写和辨识。近年来,每级新生开学后,文学院都会举行新生书画比赛,从比赛和作业来看,当前大学新生的汉字书写水平并不理想。作为中文师范生,能写一手规范、美观的汉字应该是基本功。除了汉字书写课和书画兴趣班,拟对所有中文师范生强化汉字书写训练。当前,国家对汉字书写也高度重视,下发一系列重要文件。建立三字(毛笔、硬笔、粉笔)书写训练监督机制,定期检查汉字书写作业并举行书写比赛,使师范生在大一、大二得到切实的汉字书写训练,他们的书写水平要得到明显提高。繁体字的辨识,一直是令中文新生感到困难的事情,而繁体字是中国传统文化的抽象符号,一笔一画都蕴含着丰富的文化和审美信息。在大一、大二阶段,要求中文师范生不仅能够辨识繁体字,而且还能够流畅地书写。只有一笔一画去书写繁体字,才能够有触摸文字的感觉,进而领会笔画之间的温度和美感。学院拟以王力先生《汉字繁简字对照表》为基本材料,布置作业,定期检查考核,举行繁体字书写比赛。大二结束时,学生应熟练书写2 000个左右常用繁体字。

二是古诗文朗读与背诵。部编中小学语文教材加大了古诗文篇目的数量。作为培养中小学语文师资的教育机构,学院很重视古诗文的朗读和背诵,中国古代文学的教学大纲里一直有要求学生背诵的篇目,大约150篇。当前的中小学语文教学,朗读并未受到应有的重视,除了应试教育的因素外,教师自身也缺乏应有的朗读素养。而在古代,诗文诵读是文学教育的重要一环,"桐城派"主张"因声求气",就是通过诵读去领悟诗文内在的感情和气势。在学生朗读一篇作品时,可以看出他对该作品的理解程度。学院准备把部编中小学语文教材的古诗文作品汇编成一册,发给学生,要求他们熟读背诵,建立相应的检查考核机制。根据部编教材调整古代文学背诵篇目,课堂上引导学生在理解之后再来朗读、背诵,通过这个环节,使学生具备一定的朗读能力,能熟练背诵部编中小学语文教材的古诗文篇目。

三是掌握古代基本的文史知识和典故。中国古代的知识是以文史知识为核心向四周伸展的,古代文人都有可观的知识储备,他们的作品中常常出现在古代作为常识的知识和典故,而当今的读者对这些知识和典故则相当陌生。作为古诗文讲授者,必须掌握一定数量的古代文史知识和典故。在古代,知识和典故的载体是类书,从大型的《永乐大典》《古今图书集成》到中型的《艺文类聚》《太平御览》《佩文韵府》,再到小型的日用百科,都是古代各类知识和典故的汇编。大型、中型类书只能作为工具书用来检索查阅,小型类书对学习者才有实用价值。针对中文师范生的实际情况,学院选择明末清初史学家、文学家张岱编纂的《夜航船》作为主要读本。《夜航船》是一部小型的百科全书,脉络清晰、繁简得当,文笔简练生动。张岱编纂《夜航船》,主要是给一般的读书人和有一定文化基础的平民提供一部实用的知识读本,其中凝聚了张岱包容开放的文化精神和文化期待。这部书沉埋于天一阁300多年,直到20世纪80年代才整理出版。近年来,不少学者都认为它是最适合当代人学习古代文史知识和典故的小型类书。把此书作为中文师范生课外研读书目,定期对学生的读书效果进行检查测评,还可以举行一些关于古代知识及古诗文典故的比赛,使学生打下坚实、系统的国学基础。

四是古文选读与习作。古代的写作教育,基本上按照从精读范文、仿写到独立写作展开,这是非常有效的模式,在仿写的过程中也深化了对作品艺术技巧的理解和领会。当前有的高校已经开始恢复"文选—写作"模式的课程,也引起了中文教育界的关注。从已有的经验来看,有的学校选用《昭明文选》,有的学校选用《古文观止》,以两部影响最大的诗文选集作为"文选—写作"课程的教材有较大的实践空间。学院在开设这类课程时,拟以蔡世远编选的《古文雅正》为主要教材,以《古文观止》或《古文辞类纂》为参考教材。蔡世远是清代闽南籍理学家和文学家,曾教授乾隆皇帝古文写作。《古文雅正》是蔡世远为蔡氏家塾的教学编选的,体量比《古文观止》还小,选文精练,评点提纲挈领,切于实用,比较适合“文选—写作”课程使用。长期以来,因其标举雅正和被清朝官方认可而遭受批评冷落,如果抛开这些历史因素,从“文选—写作”的角度审视,就会发现《古文雅正》是一部精练、实用同时又很有地域、家族特色的古文选本。在教学中,按文体进行作品研读和写作训练。以《古文雅正》为教材,正是尊重闽南文化传统,继承闽南文脉的具体表现。只有从这些具体工作入手,传统和文脉才不是空虚的,才会实实在在地传承下去。

在当前的形势之下,闽南师范大学文学院借鉴传统文学教育,开展中文师范生专业培养的工作刚刚起步,还有许多工作要做。我们既要发挥师范教育的优势,又要在传承闽南文化上做出自己的努力。不忘初心,砥砺前行,我们还在路上。

(2019 年 9 月,学院召开一流本科专业建设研讨会,此为会议研讨成果)

以诗为桨,荡漾起开放多元的
两岸文化交流发展之波

文化凝聚人心,诗歌联通世界。

2012 年,闽南师范大学与台湾明道大学在漳州联合举办诗歌节,近 40 名海峡两岸诗人、诗评家、人文学者聚集漳州,在高校、中小学、企业开展诗歌创作、诗歌朗诵、诗歌研讨、诗歌演讲、新诗作巡回展等诗歌系列活动,由此拉开海峡两岸高校联办诗歌节,共同开展诗歌教育的帷幕。2014 年始,一年一届的闽南诗歌节,先后以"诗、茶与闽南文化""诗与书画""诗与琴""诗与戏剧""诗与艺文教育""诗与祖国"为主题,搭建了两岸诗人、学者和艺术家学术研讨及文学艺术创作交流的舞台,并由闽台高校间的合作,拓展出两岸大学、中学间的交流,不断延伸出两岸文化产业间的合作。

孔子说"诗可以群",闽南诗歌节连接两岸一份共同的诗情诗心,诗情诗心连接着教育界、古琴界、书画界、茶文化界等不同的人。诗如风,吹拂着海峡,波光随之荡漾开来。

一、诗和远方:两岸教育的携手

漳州与台湾,血缘、地缘、语缘、亲缘、情缘,缘缘相近,源远流长;在新的世纪,如何以文化、文学、诗歌、网络,紧密联结空间上的漳州与台湾,连结时间上的古典与现代,乃是今日华语语境下两岸文化人责无旁贷的使命。有鉴于此,闽南师范大学文学院与台湾明道大学

人文学院联合举办"网络世纪，故里情怀"2012年漳州诗歌节，期望透过现场文化交流方式，结合海峡两岸诗人及评论家，加强两岸高校文化交流的情谊，深化诗歌教学，提高人文教育素养；借诗歌朗诵、诗画展与茶道演示，让学生与居民能将诗情画意融入生命，将美学带入生活。诗歌节活动时间为一个月。

这是一次跨机构的诗歌交流活动，高校与高校、高校与中小学、高校与地方作协合作，同时在多个单位开展诗歌交流活动。诗歌节在漳州高校开展新诗作巡回展，选取了60多首新诗以"诗画展"方式，深入漳州地区大、中学校园，与广大师生亲密接触。在大学、中小学开展诗歌演讲，在县区开展笔会。这是一种综合性的诗歌文化交流活动。在诗的感发下，已拓展出多领域的交流与合作。

诗歌节首先是诗人作家间的聚会，2012年以来，台湾诗人郑愁予、萧萧、林焕彰、施善继、蓝博洲、陈宪仁、吴德亮、石德华、李翠瑛、李癸云、白灵、夏婉云、叶莎、紫鹃、方群等一批诗人作家来到闽南，和大陆诗人作家杨少衡、梁小斌、安琪、计文君、欧阳江河等一起采风，体会着一家人的亲情，兴发起创作的热望。台湾诗人萧萧在南靖云水谣创作出《南靖云水谣》《随阿利老师云水谣品茶》《金骏眉》《老榕与老牛——云水谣所见》等诗歌，后来又创作出古琴方面的组诗。推动了闽台文学创作的交流与繁荣。诗歌节中，我国香港作家也加盟进来，以及马来西亚如朵拉等、澳大利亚如金水等华人作家也参与了进来。

因诗歌节的因缘，福建省作协与闽南师大文学院共同设立"大学生文学创作基地"，开设了学院与作家联系交流的平台，推进了文学创作与学术研究的结合与互动，丰富多彩的文学活动的开展，推动了"文学进校园"活动，既促进高校素质教育，丰富校园文化活动，又发掘和培养一批文学创作人才，推动了省文学艺术活动的繁荣。

每次诗歌节都有上千名学子参与，文学教育的合作交流也随之展开。2014年12月,闽粤台部分高校文学院院长(中文系主任)、传统文化研究院(所)长协作会议在闽南师大文学院召开。由此形成厦门大学中文系、福建师范大学文学院、闽南师范大学文学院、韩山师范学院文学院、嘉庚学院文学与新闻传播学院、华侨大学文学院、泉州师院文学院、台南大学人文与社会学院、明道大学人文学院、嘉南药理大学儒学研究所、龙人古琴研究院等协作体,定期围绕中华传统文化与人才培养、人才培养特色项目的延伸合作及两岸学术交流等议题,展开深入的会谈。不断推进大陆高校、大陆与台湾高校间的合作。大陆师生组织创作研习营、参加儒学研讨会等走进了台湾;而台湾师生也不断来到大陆,各自办学的经验和特色在相互间借鉴和拓展。

由于诗歌节活动延伸到中学,两岸基础教育的交流也打开了,台湾现代诗歌教学的经验传播到大陆中小学,如台湾诗人走进漳州一中、闽南师大实验小学、龙溪师范实验小学、厦门同安中学等学校,台湾景美女中等中学名师被聘培训大陆语文骨干教师;而台湾中学生也加强了与大陆的交流,如景美女中分别组团到安徽、广西的中学进行互动交流学习。

台湾诗人叶莎说:"这次很荣幸有机会参与'2016闽南诗歌节',接触到闽南师范大学的教授和优秀的学生们,于我是很难忘的体验!提到教育,总让人联想到是各种知识、技能和传授社会生活经验的地方,但是闽南师大更多了一份浓厚的诗意氛围,那一晚透过诗座谈和学生求知若渴的眼睛,透过互动分享,我深信诗已经播下种子,也必将发芽茁壮。"

诗歌拉近了人心,因诗歌和文化艺术的交接,诗歌节也成为两岸书画、茶、古琴等文化产业连接的纽带。

二、诗情茶韵:两岸茶人的互助

漳州是茶文化盛行的地方,有着丰富的茶文化资源。"2014闽南诗歌节"主题为"诗、茶与闽南文化",由闽南师范大学、明道大学、厦门大学联合主办,内容包括"茶的哲思皴褶——静思茶道精神与内涵""凭虚御风——诗的美学盛宴""妙趣横生——闽南文化与说唱艺术""闽南文化论坛""萧萧茶诗朗诵会"等。

此次诗歌节一方面促进了茶与诗的融合,在茶文化的建构、茶文化与人才培养等方面作了探讨。台湾茶文化推广的经验、台湾明道大学茶道教育的探讨与大陆对接了起来,台湾明道大学、慈济人文茶道院与闽南师范大学、漳州科技学院、武夷学院等高校,因茶有了密切的来往。闽南师范大学与台湾明道大学、漳州科技学院教师共同组建教学团队,探索课程、茶艺实训室和茶道艺术团,即"三合一"的校企合作模式,2016 年 3 月,学生专业社团——云水茶艺协会成立。2018 年 3 月,"茶之序"文化发展有限公司、漳州市海峡两岸茶业交流协会与闽南师范大学文学院共建的"海峡两岸茶文化课堂"正式挂牌。闽台合作、校企合作,努力探索以经典阅读、艺能研习、创意表达"三结合"的教育模式,促进两岸茶文化交流,助力茶文化产业发展。相继开发出"大学茶道""茶与文学""茶文化概论""茶艺研习""茶席设计和茶会组织""茶器与茶艺"等课程,《问茶》《喜茶宴》《林语堂与茶的文学情怀》等主题作品,台湾著名茶人李阿利等近十位专家学者莅临讲学,言传身教。举办了"海峡两岸茶文化教育论坛""林语堂与茶文化论坛"等六场大型活动,接待了海峡两岸闽南文化研习营台湾学子,台湾彰化县文化局、屏东大学、金门大学等体验团队。

这些年,两岸茶人建立起了经常性的茶与诗、茶文化的对话机制,"海峡两岸茶文化课堂"成为闽南人共同的文化家园。台湾明道大学教授罗文玲一直致力于两岸茶文化的推广,她说:"漳州与南靖的山林水云间,稳稳站立着方圆之间的土楼,几百年来,在风霜与盗匪的伤害中依然稳若泰山,这土楼啊! 不仅是客家人的安顿身心的家园,更是精神的堡垒,护卫着浓厚的人情与伦理。这也意味着漳州与台湾虽是一水之隔却有着稳定的情谊在延伸！那份血浓于水的情缘，因为书香与漳州结下深厚的情缘！因为茶香与南靖故里系连，成就茶水情缘！"

三、诗情画意：两岸书画的推展

漳州是书画之乡，明道大学人文学院和闽南师范大学文学院都非常重视书法教育。"2015 闽南诗歌节"以"诗与书画"为主题，由闽南师范大学、明道大学、福建省作家协会联合主办，活动内容包括"龙吟凤鸣——名家经典诗歌朗诵会""生活美学论坛——诗书画与传统文化""诗歌与气韵的对话""书法与气度的对话"等主题演讲、朗诵会及书画创作展览，以呈现中华传统文化相互融合的艺术魅力。

参加此次诗歌节的明道大学郭秋勋校长说："两岸血浓于水，文化传统相同……此次诗歌节邀约北京、闽南、广东与台湾等地的诗人与书画家，为诗书画三种传统文化形式的融合，开拓新视角，展开新对话，对于闽台之间的文化交流帮助颇大，让学子们在互相学习借鉴中共同成长。"

此次诗歌节带动了两岸书画的交流。台湾书法家陈维德、林俊臣等一批书法家把作品带到大陆，并与闽南书法家进行交流研讨。闽南师大学生到台湾研修书法课程。2017 年 7 月 20 日文学院师生在诏安参加"海峡情 丹诏美——海峡两岸（漳州）大学生诗书画联谊活动"。闽南师大师生书画作品与台南大学师生书法作品一起参加书画展览，台南大学、云林大学师生（两所大学师生共 23 人）与闽南师大学生一起在诏安举办各种联谊活动并考察当地文化古迹。

2017 年 11 月 18 日至 21 日来自台湾的嘉宾有沈耀初的学生陈拙园等六人与闽南师范大学文学院的师生共同参加"纪念国画大师沈耀初诞辰一百一十周年"书画展及学术研讨会。

四、琴心诗情：两岸琴人的相聚相亲

台湾明道大学人文学院、闽南师范大学文学院与闽南文化研究院，近年来都致力于探索人文艺术的交融与发展之道，致力于营造良好的人文艺术氛围。闽南师范大学文学院尤其注重古琴文化，与龙人古琴文化村合作，把古琴引入课堂。在这样的背景下，由龙人古琴文化村、台湾明道大学人文学院、闽南师范大学文学院、闽南师范大学闽南文化研究院共同承办的"2016闽南诗歌节"，于是将诗与琴的交会定为主题，成为诗与琴、文学与音乐的一次美好联姻。两岸诗人作家、琴家聚在一起，台湾古琴协会主席陈雯说："通过诗歌节的活动，以琴会友、以诗为媒，闽南诗歌中蕴含的情怀，我想更重要的是真挚情谊的甘甜清香，温润着所有人的心。"

两岸诗与琴的交汇，有力推动了两岸琴文化的发展。首先是"龙人古琴课堂"进入台湾明道大学。龙人古琴为古琴界最具代表的品牌之一，龙人古琴文化村集古琴文化传承、艺术传播、教育及学术研究、文化旅游与置业于一体，系弘扬古琴文化及中国传统文化的重要基地，2014年被文化部认定为国家文化产业示范基地。

两岸共同主办的每年一届的闽南诗歌节，已成为有一定影响力的文学活动，受到闽台文学艺术界和文化产业界关注。目前，闽南师范大学文学院已有10位台籍教师来任教，还聘请了台湾诗人作家、书画家、古琴家、茶人、优秀中学教师等八人为客座教授。而闽南师范大学闽台的交流合作也不断在深化拓展。以诗为桨，带动相关联的文化教育产业，正是一条海峡两岸融合发展的新路。

（2020年参与福建省本科高校教育教学改革研究重大项目"闽台高校传统文化教育与地方产业发展的比较研究"，此为前期论证报告）

尊重传统,勇于创新,特色发展
——闽南师范大学中国语言文学学科发展之路

中国语言文学学科是闽南师范大学历史最悠久、实力最雄厚的传统优势学科,中国语言文学学科的文献整理和经典阐释方面成绩突出,文化诗学研究在学术界有重要影响,特别是闽台文化与文学研究,处于领先地位,已成为有重要影响力的学术研究重镇和人才培养基地。

回顾中国语言文学学科发展的历程,其经历了三个阶段:

1958—1987 年,为学科初创期。1958 年,在建校之初就设汉语言文学教育大专班。1963 年,多所学校合并成立福建省第二师范学院,设汉语言文学本科专业,且拥有了不少优秀的师资,但遗憾的是1966 年停办。一直到高考制度恢复后,学校复办从专科开始。

1988—2002 年,为学科发展期。在学科带头人、全国首批文学博士林继中教授的带领下,凝聚学科方向——中国古代文学、汉语言文字学、文学理论方向;打造学科队伍——引进和培养学科带头人和学科骨干;开展前沿研究——重写文学史研究、比较诗学及文化诗学研究等,中国语言文学综合实力稳步提升。2003 年,中国古代文学率先获批硕士学位授权点,文艺学、中国古代文学先后获批福建省重点学科。

2003—2021 年,为学科提升期。沿袭固本创新的学科发展思路,在文化诗学研究、出土文献与文学史研究、汉语历史词汇研究等领域

继续拓展。同时,着力特色建设,重点开展闽南文化与文学的研究。基础研究取得突出成绩,服务国家战略和地方经济社会的能力凸显优势。中国语言文学先后获批福建省重点学科、重点特色学科、一流学科高原学科,博士点建设学科。2005 年,文艺学、汉语言文字学获批硕士点。2008 年,中国语言文学获一级学科硕士学位授权点,学科教学(语文)专业硕士点。2012 年,依托中国语言文学学科获"服务国家特殊需求博士人才培养项目",2021 年,中国语言文学获批一级学科博士点。2022 年,中国语言文学学科获批福建省"双一流"建设主干学科。学科发展步入高质量发展时期。

回顾学科发展之路,闽南师范大学文学院中国语言文学学科发展有以下三个特点。

一、双轨驱动——走向学术前台与服务国家战略

中国语言文学学科在建设过程中,一方面,根据学科团队尤其是学科带头人的情况,抓住学科前沿热点问题,如文化诗学、出土文献与文学史等,开展有组织的建设;另一方面,利用区域优势,积极开展闽南文化研究与闽台交流,服务国家战略。

20 世纪 90 年代开始,林继中教授、刘庆璋教授组建文化诗学团队,在全国率先开始文化诗学的理论建构和方法论探讨,第一个设立文化诗学研究所,召开全国首次文化诗学研讨会,出版了系列专著和论文,历经三代,延续近三十年,在该领域独树一帜,产生很大影响力,形成学界公认的"漳州学派",为"文化诗学"在国内的落地发展以及"中国文化诗学"的系统化建构起到重要推动作用。

林继中教授、汤漳平教授组建"文化建构文学史""出土文献与重写文学史"团队,先后从方法论和新发现文献角度对文学史学科进行探讨,多次发起并主办高端论坛和全国性会议,汇聚该领域一流学

者,推出系列代表性成果,为"重写文学史"与如何利用新材料研究文学史问题进行卓有成效的探索,极大推动了文学史学的建设和发展。

同时,充分发挥对台区位优势,服务海峡两岸融合发展和国家统一特殊需求,围绕"两岸文化交流""两岸融合发展""两岸基层和青少年交流"等主题开展文化教育与交流活动,设立闽南文化研究院,创办《闽台文化交流》杂志,形成台海文献整理、闽南文化与文学研究、两岸文化交流紧密结合的闽南文化与文学研究特色方向和本硕博一体的闽南文化人才培养体系,得到教育部、地方政府和国台办、台盟中央和全国台联等中央涉台机构的认可。

二、三层同构——推动有影响力的学科团队的构建

学科方向的凝练和学科特色的形成取决于学科带头人与学科团队的建构。这里有三个方面的经验:

一是优秀学科带头人的引领。中国语言文学学科建设初期,林继中、刘庆璋、汤漳平等学者既是学术带头人,其中林继中教授的杜甫研究、刘庆璋教授的西方文论研究、汤漳平教授的楚辞研究,张桂兴教授的老舍研究,在全国学界有较高的地位,由此中国语言文学学科方向的形成和发展拥有一个高的起点;同时,这些学科带头人,有很强的学术前沿把握能力和学术组织能力。20世纪80年代,林继中教授博士毕业选择回到漳州师范学院,他熟悉中国语言文学学科发展规律,抓住汉语言文字学、中国古代文学、文艺学方向,把学科基础和理论方法作为重点,开启中文学科应重传统继承、具创新发展的内涵建设。这样的谋划,即便放在今天,依然是基础学科发展的正道。

二是一批学科骨干的汇聚。加大引培聘力度,围绕方向建设一支学术骨干、学术带头人队伍。从1994年以来,陆续引进唐宋诗文研究专家王春庭教授、明清小说研究专家胡金望教授、全国楚辞研究

专家汤漳平研究员、音韵研究专家周祖庠教授、全国老舍研究专家张桂兴教授,还引进了一批名校毕业的年轻博士。同时狠抓教师的培养,或把教师送到名师身边进修,或联系、推荐攻读名校博士学位,或亲自培养助教、博士研究生,一批教师迅速成长起来。由此学科的发展有了坚实的基础。

三是建立全国性学术协作圈。通过高端学术论坛、有组织的学术讲座和客座教授、闽江学者聘任,建构起全国性的学术话语圈,推助学术交流和传播。围绕学科发展方向,近 10 年先后聘任了近 20 名全国知名学者,建立起与有影响力学者的密切联系。同时,成立了闽粤台部分文学院院长、科研所所长联盟,建立了与国内名校如浙江大学、中国人民大学、北京师范大学、厦门大学、陕西师范大学、台南大学等研究生教育及年轻教师游学机制,由此地方高校能面向全国、面向世界。

三、多向发力——形成标志性成果

一流学科往往以大数据、大平台、大项目、大成果、高端人才培养等为支撑,在建设中,围绕学科方向,全面谋划,重点建设。

有计划建设了闽南文化研究院、闽南文化与文学研究基地等省级以上平台近 20 个;闽南文化资料中心、出土文献与文学研究资料库等特色库;有组织地开展学术研究和学术交流,近十年,一级学科共获国家社科基金重大项目 1 项,国家艺术基金项目 1 项,国家社科基金项目 40 多项,出版系列丛书 10 余种。

学科建设是一个连续、长期的过程,几十年来,中国语言文学学科始终关注国家和民族的命运,关注国家的统一,关注文化的传承与发展,开辟了尊重传统,追求创新,特色发展的学科发展之路,为地方高校学科建设和人才培养开辟出一条新路。新的征程,文学院将坚持以习近平新时代中国特色社会主义思想为指导,立足国家战略和人才培养需要,突出政治引领,突出学科特色,突出全面建设,不断提高学科发展水平,为建设社会主义现代化强国贡献力量。

(2021年,中国语言文学获批一级学科博士学位授权点,2022年获批福建省第二轮"双一流"建设高校主干学科,此为中国语言文学学科建设经验总结,发表于《中国教育报》2023年7月9日)

后　记

　　这部集子,主要选录了2013年以来参与各类活动的部分讲话稿。

　　2012年12月20日,因工作需要,我从教务处来到文学院。文学院是培养才子才女的地方,这个"才",主要表现为出色的语言表达能力。中文学子每个人都应该拥有一支五彩笔,但不知什么时候开始,不少中文学子这支笔拿不起来。于是改革便从"给中文学子一支五彩笔"开始。

　　首先是课程的改革,多年来高校的写作课其实是写作学概论课,基本没有写作实践。2013年开始,我们把写作课改为不同文体的写作实践课,强调让学生根据自己的特长和兴趣,掌握一种文体的写作,以一通十。为了营造写作实践氛围,学院成立"既明文学社",举办传统节日诗会,举办海峡两岸作家参与的"闽南诗歌节",开展闽台文学研习营,支持学生参与各类文学赛事和文学活动。每学期开学初聘请著名诗人、作家作开学演讲。文学院由此有了较为浓郁的文学气息。

　　一个人的写作水平往往决定于一个人的阅读水平。随着写作实践改革的展开,阅读能力的提高显得至为关键。

文学院增设"国学导读"课程,对中国古代文学史、中国现当代文学史、外国文学史等文学史课程进行改革,强调以经典作品的阅读、深入阐释为核心,以作品带史。为了推动经典的阅读,课外开展"一书一世界"讲堂,说经典、评经典主题活动,课本剧编演活动,有意识地引导学生把阅读和写作结合起来,以写促读。

语言是心灵的家园,文学是感觉化的世界。为了帮助中文学子重拾语言的灵性,文学院又与当地传统文化资源结合起来,开设艺能课程,推动古琴、书法、绘画、茶道、香道等传统文人艺能的研习,学生可根据自己的特长和兴趣,选择一两门传统艺能课程,在学习中,以经典的学习与生命的表达为核心,艺术技巧、经典作家的相关书写与生命的感觉世界相互激发,内外结合,艺文结合,让语言更具有生命的气息,语言的世界更为丰富。在这一过程中,学院打造特殊的研习空间——龙人古琴课堂、书画课堂、海峡两岸茶文化课堂、海丝钟表讲堂,推动成立专业社团——墨韵书画社、芝山剧社、泠音琴社、云水茶艺社、唐音吟诵社,组建由艺术家和学者结合在一起的师资团队。由此,极大地丰富了中文学子的实践途径。

刘勰《文心雕龙》所说的"精理为文,秀气成采"很好地诠释了文采的内涵,中文学子要拥有一支五彩笔,成为一个有文采的人,不只是写作技能的掌握,还必须是个明理的人,是个情感丰富的人。在阅读、写作、艺能研习中,学院努力引导学生读书明理,文以载道,做到内外一致、表里如一、知行合一。

　　很显然,获得一支五彩笔的过程,也是成就一个大写的人的过程。学院承继孔子"志于道,据于德,依于仁,游于艺"的"成人"设计,以人类一切优秀的文化为滋养,不断提高中文学子发现、表现和传播真善美的能力,"写天地之辉光,晓生民之耳目",成为有理想信念,有道德操守,有仁爱之心,有扎实知识,有益于社会的有用人才。

　　改革是探索的过程,这本讲话集,基本呈现这一过程。虽然镜像不大,但代表一个远离省城的省属本科高校文学院的探索之路。更重要的是这里有闽南师范大学文学院师生共同用心走过的一段时光,"苔花如米小,也学牡丹开",我们或许很平常,但珍惜每一个生命,珍惜每一个日子,不放弃生命走向更高、更广、更远的追求。

　　在教育教学改革过程中,学院施榆生书记、赵丽霞书记及所有班子成员齐心协力,相互支持,相互激励,这些文字代表了这个团队共同的声音。感谢老师和同学们共同的努力,我们一起构筑了一个"文行远方"的梦想,感谢施榆生、沈金耀、王朝华、肖模艳等老师,对部分讲话稿提出过宝贵的修改意见。感谢厦门大学出版社对教育的热心和关注,精益求精的职业追求,让我们感受到一种精神的力量。